PERSONAL

NCS(국가직무능력표준)을 기반으로 한

퍼스널 이미지메이킹

IMAGE
MAKING

변영희 김은경 김지연

도서출판
청람

머리말 Preface

우리는 하루가 다르게 시시각각 변화하는 현대사회 속에서 넘쳐나는 이미지와 마주하고 있다. 정치 · 경제 · 과학의 흐름과 함께 이 시대의 모습을 담고 있는 문화와 예술, 그리고 빠르게 변화하는 패션과 뷰티 트렌드, 수많은 새로운 사람들과의 네트워크 등, 우리가 받아들여야 하는 정보는 그 양을 헤아릴 수가 없으며, 그렇기 때문에 우리의 뇌는 정보를 좀 더 수월하게 받아들이기 위하여 '이미지화'의 프로세스를 거친다.

우리는 매일 수많은 사람들과 마주하게 되고 복잡한 네크워크 속에서 타인과 교류하고 있다. 요즘의 젊은 세대들은 이러한 대인관계 속에서 '나'라는 존재가치를 높이려는 욕구가 강하다. 손쉽게 접할 수 있는 매체나 SNS를 통해 나의 이미지를 마음껏 표현하기를 즐긴다. 그러나 이미지란 지극히 주관적이고 개인적인 것이어서 내가 보여주고자 하는 이미지가 타인에게 반드시 전달되는 것은 아니며, 내가 생각하는 나의 이미지는 다른 사람들이 생각하는 이미지와 같을 수도, 혹은 전혀 다를 수도 있다. 즉, 타인에게 나에 대한 좋은 인상과 호감을 심어 주기 위해서는 내가 보여주고자 하는 이미지를 적절한 방법과 도구를 사용하여 효과적으로 표현하는 것이 매우 중요하다.

'좋은 이미지'란 단순한 대인관계를 넘어 성공적인 취업 및 직장생활을 해나가는 데 있어 점점 그 중요성이 커지고 있다. 현대사회는 남들과 크게 다를 바 없는 스펙이나 점수가 아닌 나만의 차별화된 가치, 독창적인 셀프 이미지로 스스로를 표현할 수 있는 인재를 원하고 있다. 즉, 나 자신을 경쟁력 있는 브랜드로 만들기 위해서는 자신이 가진 이미지를 내 · 외적으로 발전시킬 수 있어야 한다.

본 교재의 집필진은 사회에 첫발을 내딛는 사회초년생과 대학생들이 스스로의 능력과 매력을 끌어올려 긍정적이고 호감 있는 이미지를 만들어 낼 수 있도록 돕기 위해 이 책을 출간하였다. 자신을 객관적인 시선으로 바라보고, 단점을 개선해 나갈 수 있도록 이미지메이킹의 방향을 제시해 주고자 한다. 특히 본 교재는 NCS(국가직무능력표준)를 기반으로 각각의 능력단위 명칭에서 요구하는 부분을 교재에 최대한 반영하여 독자들이 명확한 목표를 가지고, 학습해 나갈 수 있도록 구성하였다.

제1장에서는 신뢰와 호감을 이끄는 차별화된 이미지 연출에 대해 이해할 수 있도록 이미지메이킹의 개념 및 효과, 첫인상의 중요성에 따른 표정관리와 트레이닝방법을 다루었다. 또 퍼스널 이미지 성공 사례를 바탕으로 나만의 퍼스널 이미지를 구축하기 위한 프로세스를 체크해 볼 수 있도록 하였다.

제2장에서는 패션 스타일링의 개념 및 방법에 대해 다루었다. 나에게 맞는 컬러 선택법과 나의 체형에 따른 패션 스타일링을 통해 장점은 부각시키고, 단점은 보완할 수 있는 노하우를 제시하고, 목적에 따른 패션 스타일링을 위한 아이템별 · 이미지별 · 상황별 패션 스타일링 노하우를 소개하였다.

제3장에서는 효과적인 뷰티 관리 및 다양한 뷰티 이미지 표현을 위해 헤어, 메이크업, 네일, 향기 이미지로 나누어 구성하였다. 개인의 피부 타입이나 얼굴형, 얼굴색에 맞는 메이크업, 헤어 스타일링 연출법을 통해 보다 매력적인 사람으로 보일 수 있는 방법을 제안하였다.

제4장에서는 사회생활에서 꼭 필요한 기본매너에 대한 이해를 바탕으로 직장생활에서 자칫 실수하기 쉬운 사례들을 살펴봄으로써 사회인으로서 갖추어야 하는 매너 및 에티켓을 숙지할 수 있도록 하였다.

제5장에서는 '대화법'과 '프레젠테이션'을 중심으로 스피치 이미지에 대하여 살펴보았다. 대화법에서는 효과적인 스피치능력을 향상시키기 위하여, 말하기와 듣기의 기본매너 및 대화의 기본요령, 음성과 발음훈련을 다루었다. 그리고 프레젠테이션에서는 스피치의 주제 선정 및 내용구성능력, 청중분석능력과 프레젠테이션의 구성 및 발표 스킬을 습득하여 분명하고 명확하게 의사전달하는 능력을 함양시키고자 하였다.

마지막 제6장에서는 취업을 앞둔 대학생들을 위한 이력서와 자기소개서 작성법 및 성공적인 면접 노하우를 제시하였다. 앞에서 살펴본 패션 뷰티 스타일링 방법을 실전에 적용해 면접에서 자신의 매력을 최대한 드러낼 수 있는 이미지메이킹 스킬을 소개하였다.

이상의 내용을 통해 자신만의 매력을 발견하지 못해 스스로를 부정적인 시각으로 바라봤던 분들이 이 책으로 자신감을 얻고, 당당하게 변화해 나갈 수 있기를 바라며, 나아가 스스로의 가치를 높이는 데 도움이 되기를 바란다.

끝으로 이 책이 출간될 수 있도록 수고해 주신 도서출판 청람의 이수영 사장님을 비롯한 직원분들께 깊은 감사를 드린다.

2016년 1월

저자 일동

■ 차례 Contents

01
CHAPTER

이미지메이킹

P E R S O N A L I M A G E M A K I N G

21세기는 이미지의 시대라고 해도 과언이 아닐 정도로 수많은 이미지들이 우리 주위를 둘러싸고 있으며, 보다 더 많은 좋은 이미지를 구축하는 사람이 성공하는 사회가 되었다. 따라서 현대에서의 사회적 만남은 인격과 인격의 만남이 아니라, 이미지와 이미지의 만남인 것이다.
주변을 둘러보면 어떤 사람은 능력은 잘 갖춰져 있지만, 자신의 이미지관리에 소홀히 하여 실제와는 다른 좋지 않은 평가를 받아 피해를 보기도 하고, 또 어떤 사람은 자신의 긍정적인 면을 적극적으로 어필하여 주변사람들에게 자신의 능력보다 더 좋은 평을 받기도 한다. 후자처럼 상대에게 긍정적인 이미지를 심어 주고 싶다면, 자신의 부가가치를 높여 자신만의 고유 이미지를 구축하기 위해 노력하여야 한다. 이를 위해서는 자신이 추구하는 이미지를 위한 어떤 목표나 상황을 이미지화하여 실제로 실현될 수 있도록 그에 걸맞은 패션, 제스처, 표정, 자세, 메이크업, 액세서리 등을 갖추는 이미지메이킹(image making)을 해야 한다.
성공적인 이미지메이킹은 개인의 잠재능력을 밖으로 표출시켜 활동력 있고 자신감 있는 사람, 호감을 주는 사람으로 보여지게 될 것이고 좀 더 스스로가 원하는 성공적인 사회생활을 영위하는 데 도움을 줄 것이다.

제1장 이미지메이킹에서는 '이미지메이킹의 이해'와 '퍼스널 이미지'로 나누어 구성하였으며, 국가직무능력표준(NCS) 능력단위 명칭 '이미지메이킹(1003020202_14v1.2)'에서 요구하는 부분을 최대한 반영하여 구성하였다. 먼저, '이미지메이킹의 이해'에서는 자기 이미지 개발의 중요성을 인식하고, 신뢰와 호감을 이끄는 차별화된 이미지 연출능력을 이해할 수 있도록 이미지메이킹의 개념 및 효과와 중요성, 그에 따른 첫인상의 중요성과 표정관리 · 트레이닝 방법을 다루었다. 그리고 '퍼스널 이미지'를 이해하기 위해 그 개념과 역사를 살펴보고, 성공 사례를 바탕으로 나만의 퍼스널 이미지를 구축하기 위한 프로세스를 체크해 볼 수 있도록 구성하였다.

1. 이미지메이킹의 이해

1) 이미지메이킹

현대사회는 시간이 갈수록 더욱더 빠르고 다양하게 발전하고 있으며 점점 더 스피드한 변화를 요구하고 있다. 소비문화 또한 신속하고 간편하게 먹을 수 있는 패스트푸드(fast food)나 최신 유행 스타일의 옷을 빠르게 입을 수 있는 SPA(Speciality retailer of Private label Apparel) 브랜드와 같은 패스트패션(fast fashion) 등이 갈수록 인기가 높아지고 있으며, 바쁜 일상 속에서 자투리 시간을 활용해 간편하게 읽을 수 있는 웹툰이나, 웹드라마와 짧은 글과 사진으로 자신의 일상을 보여주는 소셜 네트워크(social network) 등이 각광을 받고 있다. 따라서 사람과의 만남에 있어서도 한 사람에 대해 시간을 투자해 가며 깊이 알아갈 여유 없이 단지 그 사람의 외형만을 보고 쉽게 판단해 버리는 경향이 높아지고 있다. 흔히 우리는 사람을 외모로만 보고 판단하지 말아야 한다는 말을 많이 하지만, 알게 모르게 우리는 매순간 외모로 판단하고 판단되어지고 있다.

21세기는 외모지상주의(lookism)시대라고 해도 과언이 아니다. 현대사회에선 사람의 내면보다는 겉에 보이는 외면의 모습을 보고 사람을 판단하는 경향이 높아지면서 잘 가꾸어진 외모가 한 개인의 경쟁력으로 비춰지는 시대가 되었다. 이로 인해 사람들은 아름다운 외모를 가꾸기 위해 패션과 함께 메이크업, 성형 등 외모 가꾸기를 위한 노력들을 하고 있다. 이에 따라 뷰티산업은 해마다 발전을 거듭하고 있으며 여성의 전유물이었던 뷰티분야에 남성들의 관심 또한 높아지고 있다.

2000년대 이후 MR 뷰티라고 해서 남성들의 미적인 관심도가 급속도로 증가하면서 남성들도 여성처럼 아름다운 외모를 추구하는 모습이 많아졌다. 더욱 놀라운 것은 최근 한 조사에 의하면 한국 남성화장품의 매출이 전 세계에서 1위라는 것이다. 그만큼 남성들에게 있어서도 외모 가꾸기가 매우 중요해졌음을 알

수 있다. 따라서 외모관리는 이제 더 이상 여성의 전유물이 아니라 남성들에게도 매우 중요하게 자리 잡았으며, 어떤 분야에 종사하든 잘 가꾸어진 외모는 성실성과 자기관리능력의 척도로까지 받아들여지고 있다.

(1) 이미지의 구성요소

'이미지(image)' 의 어원은 라틴어의 'imago[imitari(흉내 내다) + ago(흉내 낸 것)]' 인데, 사전적인 의미로는 '형태', '모양', '느낌', '영상', '관념' 등을 뜻한다. 즉, 어느 대상에 대한 상(像), 표상(表象), 심상(心象), 또는 상징 등의 다양한 의미를 지니고 있다. 따라서 이미지란 어떤 사람이나 사물을 떠올렸을 때 가지게 되는 시각상이나 기억, 인상평가 및 태도 등의 총체로서, 사물이나 인물에 대하여 특정한 감정을 가지게 하는 영상이다. 평소 알고 지내던 어떤 사람의 모습을 생각해 보았을 때 머릿속에 떠오르는 영상이 있을 것이다. 그 사람의 얼굴 생김새, 표정, 목소리, 말투, 옷차림새, 몸동작, 걸음걸이, 성격, 능력, 신뢰감 등 수많은 생각이 머릿속에서 자신의 기호와 사고에 따라 구성 · 편집되는 일련의 과정을 거쳐 하나의 형체를 형성시킨다. 이러한 이미지는 내적 · 외적 특성에 대한 여러 가지 생각이나 특유의 감정, 고유한 느낌이자 타인이 느끼는 자신의 모습으로 저마다 주관적이기 때문에 상대방이 보는 관점에 따라 긍정적이거나 혹은 부정적으로 비춰질 수 있다.

또한 이미지는 한 가지 요소에 의해서만 형성되는 것이 아니라 다양한 요소의 결합에 의한 종합적인 영향이라고 볼 수 있다. 한 사람의 이미지가 결정될 때는 그 사람의 표정, 복장, 태도, 용모, 자세 등의 시각적 이미지뿐만 아니라 청각적 요소인 음성, 억양, 말씨, 언어의 이미지가 결합하여 전체 이미지로 평가되는데, 한 사람의 이미지는 사회 속에서 한 개인이 이루고 있는 여러 가지 관계와 신분이 상징적으로 나타나는 것으로서 자기 정체성과 밀접한 연관을 갖고 있다고 할 수 있다.

이러한 이미지의 형성에 영향을 미치는 요소로는 크게 내적 이미지와 외적 이미지로 나눌 수 있다. 먼저 내적 이미지는 개인의 내면 깊이 잠재되어 있는 근본적인 의식, 정서를 뜻하는 것으로 내면에 내재되어 창조되는 이미지, 즉 인간의 심리적 · 정신적 감성들이 고유하고 독특하게 나타나게 되는 상태의 마음가짐이나 사고, 습관, 욕구, 감성 등을 의미한다. 한편, 외적 이미지는 표면적으로 보여지는 표정, 외모, 의상, 메이크업, 헤어, 말투, 자세, 태도, 워킹 등이 속하는데, 이 외적 이미지는 내면의 본질이 종합적으로 외부로 표출되어 나타나는 현상적인 이미지이다. 즉, 외부로 느껴지는 스타일의 전체적인 외적 이미지는 내적으로 형성된 이미지를 내포한 언행, 자세, 표정 등이 행동으로 표현되는 것이다. 그러므로 아무리 외모가 아름다워지고 싶다고 하더라도 내면이 아름답지 않으면 진정한 아름다움이 표출되지 못한다. 외모는 내면의 생각에 의해서 조화되기 때문에 개인의 생각과 마음가짐이 무엇보다도 중요하다.

따라서 진정한 의미의 이미지란 내적인 이미지와 외적인 이미지가 조화를 이루어야 한다. 바람직한 이미지메이킹을 위해 '외적인 이미지메이킹과 내면의 이미지 강화, 그리고 자신의 이미지를 상대에게 어떻게 표현해 낼 것인가' 가 관건인 것이다.

Tip 좋은 이미지를 만들기 위한 10가지 방법

1. 옷은 TPO에 맞게 입기
2. 만나서 헤어질 때까지 상대방의 눈을 보며 대화하기
3. 만났을 때와 헤어질 때 악수하기
4. 악수하고 대화할 때 자주 미소 짓기
5. 나만의 향으로 인상 남기기
6. 말하기보다는 들어주기
7. 자신의 참모습을 보여주며 언행을 편하게 하기
8. 상대의 일과 취미 등에 대해 묻기
9. 아는 체하기보다는 모르는 체 물어보기
10. 대화할 때는 전적으로 상대에게 전념하기

(2) 이미지메이킹의 개념

'이미지'가 눈에 보이지 않는 허상으로 '어떤 것을 머릿속에 재현하는 일'이라면 '이미지메이킹'은 어떤 목표나 상황을 이미지화하여 '실제로 실현시킬 수 있게 도와주는 것'이라 할 수 있다. 따라서 이미지메이킹(image making)이란 스스로 바람직한 상을 정해 놓고 그 이미지를 현실화하기 위한 개인의 의도적인 노력으로, 개인이 추구하는 목표를 이루기 위해 자기 이미지를 통합적으로 관리하는 행위, 즉 자신의 이미지를 다른 사람들에게 좋은 이미지로 전달할 수 있도록 자신을 만들어 가는 의도적인 변화과정이라고 할 수 있다. 따라서 이미지메이킹의 기본원리는 자신의 외적 이미지를 강화하여 긍정적인 내적 이미지를 끌어 내는 시너지효과(synergy effect)를 얻는 것이라고 할 수 있다.

이미지메이킹은 기존 정치인이나 연예인 등 특정한 분야에 있는 사람들에게만 국한된다고 여겨 오던 인식에서 벗어나 이제는 일반인들까지 자신의 능력과 가치를 업그레이드시켜 줄 수단으로서 자신의 개성과 직업, 신분에 맞는 호감 가는 이미지 구축수단으로 인식되고 있다. 결국 이러한 좋은 이미지를 만드는 것은 시대가 요구하는 가치관과 미의식이 반영된 나만의 개성을 찾아 만들어 내는 것이다.

이미지메이킹은 나 자신을 먼저 아는 것에서부터 시작되며 자신의 성격이나 외모 등으로 나타나는 자아는 자신에 대한 태도나 감정 및 행동에 영향을 준다. 성공적인 이미지메이킹은 내적 변화에서부터 시작되며 외적 변화와 더불어 자신을 사랑하고 자신감과 긍정의 힘을 기르는 시너지효과를 가져온다. 또한 이미지메이킹을 통한 긍정적인 자아상의 확립은 자신에 대한 자아존중감과 자신감을 향상시켜 주고 긍정적이고 적극적인 삶의 태도로 대인관계의 폭을 넓혀 주며 성공적인 사회인으로 성장하는 데 중요한 발판이 될 것이다.

(3) 이미지메이킹의 효과와 중요성

이미지메이킹은 자신이 원하는 이미지를 설정하고 적절하게 연출하여 상대에게 자신이 전달하고자 하는 이미지를 긍정적으로 전달하고자 하는 것이다. 따라서 이미지메이킹의 과정을 통해 잘못된 행동양식을 고쳐 나가고, 보다 긍정적인 이미지를 만들도록 노력하게 될 것이며, 자신이 원하는 이상적인 모습을 연출함으로써 성공적인 자신의 모습을 만들어 낼 수 있다. 이미지메이킹의 효과를 정리하면 다음과 같다.

- 열등감을 극복하고 자아존중감이 향상된다.
- 자신감과 개인의 역량이 증가되어 활동범위가 확대된다.
- 내면에 잠재된 능력을 계발할 수 있다.
- 바람직한 대인관계를 형성할 수 있다.
- 타인에게 긍정적인 이미지를 심어줄 수 있다.

따라서 이미지메이킹을 통해 저마다 내재되어 있는 잠재능력을 계발하여 더욱더 멋진 모습을 갖추어 성공적인 사회생활을 할 수 있게 될 것이다.

Tip 성공한 사람들의 이미지메이킹 10계명

1. **열린 마음을 가져라.**
   닫힌 창고보다는 열린 뒤주가 낫다.
2. **첫인상에 승부를 걸어라.**
   한 번 실수는 평생 고생이 되기 때문이다.
3. **외모보다는 표정에 투자하라.**
   표정이 좋지 않으면 다른 어떤 노력을 해도 효과는 줄어든다.
4. **자신감을 소유하라.**
   당당하고 야무진 모습은 무언의 설득력이다.
5. **열등감에서 탈출하라.**
   상황을 바꿀 수 없다면 생각을 바꿔라.
6. **객관적인 자신을 찾아라.**
   진정한 자기발견은 돈보다 값지다.
7. **자신을 목숨 걸고 사랑하라.**
   자신을 아낄 줄 모르는 사람은 남도 아낄 줄 모른다.

8. 자신의 일에 즐겁게 미쳐라.
즐겁지 못한 일은 모두가 고역이기 때문이다.
9. 신용을 저축하라.
쌓여 가는 신용은 성공의 저금통장이다.
10. 남을 귀하게 여겨라.
아무리 못났어도 나보다 나은 점이 있기 때문이다.

(4) 이미지메이킹의 5단계

성공적인 이미지메이킹을 위하여 다음과 같은 이미지메이킹 5단계를 실천해 보자.

① Know yourself(자신을 알라)

자신의 이미지를 창출하기 위한 첫 번째 단계는 나 자신을 먼저 파악하는 것에서 출발한다. 자신을 객관화시켜 자신의 장점과 단점을 파악하여 자신의 장점을 최대한 극대화시키도록 한다. 주위의 가까운 친구나 가족들에게 나의 평소의 이미지에 대해 조언을 구하는 것도 한 방법이다. 현재의 나의 장점을 확인하여 그 장점에 집중하고 그것을 더욱 발전시키도록 노력한다.

② Model yourself(자신의 모델을 설정하라)

이미지를 형성해 나가는 첫걸음으로 자신의 모델을 설정함으로써 자신이 추구해 나갈 방안을 구체화할 수 있다. 자신이 선호하는 모델을 모방하는 단계이다. '서비스의 달인' 이라는 칭호를 받는 사람들의 모습과 행동을 모방하면서 자신의 발전을 도모하는 것이다. 또한 모방에서 더 나아가 자신의 개성을 살릴 수 있도록 노력하고 자신만의 차별화를 추구해야 한다.

③ Develop yourself(자신을 개발하라)

바람직한 이미지, 즉 내가 원하는 이미지를 구체화하기 위하여 현재의 나의 이미지를 정확히 파악하고 실제 나의 이미지와 원하는 이미지의 갭을 줄여 가며 이상적인 이미지를 완성하기 위한 많은 노력이 필요하다. 자기개발을 위해서는 적극적이고 능동적인 사고가 필요하며, 자기확신을 바탕으로 한 지속적인 노력이 있어야 한다.

④ Package yourself(자신을 포장하라)

훌륭한 상품일지라도 포장이 형편없으면 좋지 못한 평가를 받게 된다. 같은 물건이라도 어떻게 포장되느냐에 따라 물건의 가치와 그것을 대하는 태도가 달라진다. 자신의 내면적 이미지의 가치를 살릴 수 있도록 자신의 외면적 이미지도 개발하도록 한다.

⑤ Market yourself(자신을 팔아라)

아무리 좋은 물건을 만들어도 마케팅에 실패하면 그 상품은 제 가치를 평가받지 못하는 것이 현대사회의 특징이다. 이미지메이킹의 마지막 단계는 바로 자신의 가치를 상대에게 인식시키고 높은 평가를 받아서 자신을 인정받도록 하는 단계이다. 상품에 가치를 입히는 것처럼 서비스맨도 우선 신뢰감을 줄 수 있는 차별화된 개인 이미지를 구축하여 자신을 브랜드화해야 한다.

2) 첫인상과 표정

사람들은 삶 속에서 많은 사람들과 마주치게 되고, 첫 대면에서 그 사람에 대한 인상이 형성된다. 가령 상대의 첫인상이 좋지 않으면 그 사람을 기피하기도 하고, 첫인상이 좋으면 그 사람에게 호감을 갖고 다시 만나고 싶어 하기도 한다. 이와 같이 첫인상은 대인관계에 있어 사회적 상호작용의 시작이며 추후 상호작용을 결정하는 데 매우 중요한 역할을 한다. 첫인상을 결정짓는 이미지 중 가장 큰 비중을 차지하는 것은 시각적 이미지로 이 중 가장 눈에 띄는 것의 하나가 바로 표정이다. 따라서 밝은 미소와 호감 가는 표정을 통해 상대에게 긍정적인 첫인상을 형성하도록 해야 할 것이다.

(1) 첫인상의 중요성

첫인상은 일상생활에서 처음 대면하는 사람에게 갖게 되는 최초의 이미지로, 각자 저마다 다르게 경험해 온 근거들을 통해 형성되는 주관적인 정보이자 인간관계의 출발점이다. 첫인상은 순간의 짧은 시간에 그 사람을 평가하고 결론 내려지게 되므로 그 진위에 관계없이 판단되어지기도 한다. 따라서 자칫 잘못 비쳐지면 상대방의 기억 속에 오랫동안 각인되어 회복이 어려워지기도 한다.

이러한 첫인상 형성에 영향을 미치는 대표적인 심리효과로는 초두효과와 후광효과가 있다.

초두효과(primary effect)는 첫인상을 말하는 것으로, 즉 먼저 제시된 정보가 나중에 들어온 정보보다 전반적인 인상형성에 더 강한 영향을 미친다는 것이다. 따라서 타인과의 만남에서 첫인상이 안 좋으면 나중에 아무리 좋은 정보를 주어도 긍정적인 이미지로 다시 바뀌기 어렵다는 것이다.

후광효과(halo effects)는 한 개인의 외모나 지명도 또는 학력과 같이 그 사람이 갖고 있는 장점이나 매력 때문에 다른 인상평가에 긍정적인 영향을 미쳐 쉽게 관찰하기 어려운 나머지 성격이나 지적 능력, 환경과 같은 다른 부분들도 좋을 것이라고 평가되는 것이다.

한편, 첫인상을 변화시키는 데 적용되는 심리효과로서 대표적으로 빈발효과가 있다. 빈발효과(frequency effect)는 첫인상이 좋지 않게 형성되었어도 반복해서 제시되는 행동이나 태도가 첫인상과는 달리 진지하고 솔직하게 호감을 주게 되면 좋은 인상으로 바뀌는 현상을 말한다.

미국의 심리학자 메라비언의 법칙에 의하면, 첫인상을 결정하는 요소로 외모가 80%, 목소리가 13%, 인격이 7%로서 시각적 이미지인 외모가 가장 큰 비중을 차지하고 있는 것을 볼 수 있다. 이러한 외모에서 가장 중요한 것은 바로 표정이며 상대에게 가장 호감을 주는 표정은 바로 미소를 담은 표정이다. 호감이

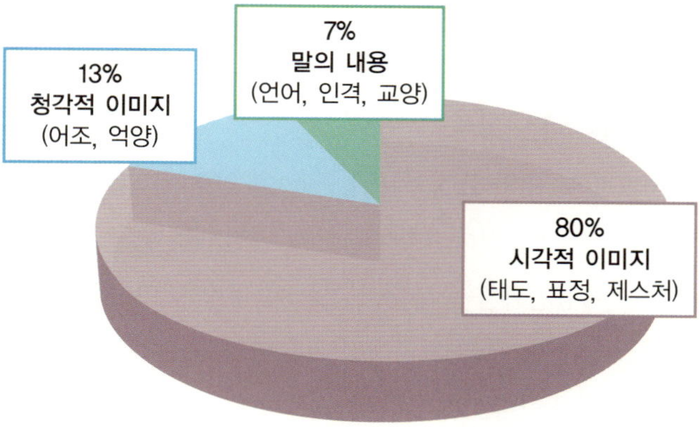

미국의 심리학자 메라비언(Mehrabian)의 법칙

가는 미소는 상대방의 마음을 열게 해서 협조적인 인간관계로 만드는 데 효과적이며, 자신도 적극적이며 활기찬 사람으로 만든다. 얼굴표정을 부드럽게 만들면 좀 더 매력적인 얼굴을 연출하게 되어 좋은 인간관계를 구축하는 밑거름이 될 것이다.

(2) 표정관리와 트레이닝

얼굴은 사람의 신체 가운데 표현력이 가장 잘 드러나는 부분으로 얼굴의 인상을 좌우하는 것은 바로 표정이다. 얼굴이 아무리 예쁘더라도 얼굴표정이 나쁘면 좋지 않은 인상을 준다. 사람들은 얼굴의 표정을 이용해 자신의 속마음을 드러내기도 하고 상대방의 기분이나 생각을 읽어 내기도 한다. 따라서 내가 무심코 지은 표정으로 인해 상대에게 좋은 이미지나 혹은 의도치 않은 그릇된 이미지를 심어줄 수도 있다. 표정은 언어를 뛰어넘는 커뮤니케이션 수단으로 상대에게 자신의 생각이나 감정 등이 드러나기 때문에 매우 중요하며 관리가 필요하다.

흔히 사람들은 건강하고 아름다운 신체를 만들기 위해 피트니스센터를 다니며 열심히 운동을 하면서, 예쁜 표정을 만들기 위한 얼굴근육운동에는 별로 관심이 없다. 독일의 해부학자 빌헬름 루(Wilhelm Roux, 1850~1924년)는 "근육은 연령에 관계없이 사용하지 않으면 위축되고, 사용할수록 발달한다"라고 하였다. 따라서 얼굴근육은 신체의 근육과 마찬가지로 사용할수록 발달하며, 반대로 사용하지 않는다면 그만큼 노화가 빠르게 진행되고, 근육이 약해져 탄력성이나 유연성이 떨어지게 된다.

얼굴에는 무려 80여 개의 표정근(표정근육)이 있어서 7,000가지 이상의 다양한 표정을 만들 수 있다고 한다. 따라서 이를 단련하여 발달시키면 풍부한 표정을 만들 수 있다. 표정변화가 풍부하고 윤곽이 뚜렷한 얼굴은 매력적이며 성공적인 사람의 얼굴이다. 표정은 얼굴생김새에 따라서 변하는 것이 아니라, 마음속의 감정에 따라서 변한다. 따라서 마음을 아름답게 하면 얼굴표정은 저절로 밝아지며 표정을 밝게 하면 마음 또한 밝아진다. 자, 그럼 다음의 단계별로 표정근육을 단련시켜 호감 가는 부드러운 표정을 만들어 보도록 하자.

① 눈의 근육운동

눈은 얼굴 중에서도 의사소통의 중심을 이루는 중요한 역할을 한다.

- **눈썹 상하운동**: 눈썹을 최대한 위로 올려서 더 올라가지 않을 때까지 당긴 뒤, '하나, 둘, 셋' 을 세고, 다시 최대한 아래로 내려서 셋을 세며 5회 정도 반복한다. 같은 방법으로 아래위를 빠르게 바꾸어 가며 10회 정도 반복한다.
- **눈동자 사방운동**: 눈동자를 최대한 큰 원을 그리듯 돌린다. 한 방향으로 네 바퀴 돌려주고, 반대방향으로 네 바퀴 돌려준다.
- **눈동자 상하운동**: 눈동자를 좌우 함께 최대한 위쪽을 보고 멈춘 뒤, '하나, 둘, 셋' 을 세고, 아래쪽을 보고 멈춘 뒤에 셋을 센다. 5회 정도 반복해 주는 것이 좋다. 같은 방법으로 하나에는 아래와 위를, 둘에는 위와 아래를 보면서 10회 정도 반복해 준다.
- **윙크운동**: 오른쪽 눈을 감는데, 최대한 꼭 감고, '하나, 둘, 셋' 을 센다. 왼쪽도 감고 셋을 세며, 5회 정도 반복한다. 오른쪽, 왼쪽을 번갈아 가면서 10회 정도 반복한다.
- **마무리운동**: 중지와 약지를 사용하여 눈꼬리 부분과 눈머리 부분을 3회씩 번갈아 가며 눌러 준다.

Tip 삼가야 할 눈의 표정

- 눈을 자주 깜박이지 말자.
- 안구를 좌우로 굴리지 말자.
- 상대방을 아래위로 훑어보지 말자.
- 눈을 흘기거나 곁눈질하지 말자.
- 상대방을 뚫어지게 응시하지 말자.
- 눈가의 근육에 힘을 가하지 말자.
- 눈을 위로 치켜뜨거나 아래로 뜨지 말자.

② 입의 근육운동

입 주위의 표정근은 눈가보다 많이 집중되어 있기 때문에 인상 변화에 많은 영향을 줄 수 있다. 예쁜 미소를 만들기 위해서 매일 입술근육을 단련시키면 입가의 주름도 방지할 수 있고 매력적인 입매와 입꼬리 모양을 만들 수 있다.

- 입꼬리 누르기: 두 집게손가락과 가운뎃손가락으로 입꼬리를 누르고 입술을 앞으로 내민다. 입꼬리가 느슨해지는 것을 방지한다.
- 볼 당기기: 입술은 긴장을 풀고 다문 채로 두 손을 볼에 대고 가볍게 귀 방향으로 끌어올려 주듯이 당긴다.
- 볼 당겨 '후후' 소리 내기: 손은 볼 당기기 상태대로 손의 힘을 빼지 말고 '후', '후' 하고 몇 번 더 되풀이하여 소리를 낸다.

③ 웃는 표정 트레이닝

웃는 얼굴을 만드는 연습에서는 입가의 근육을 부드럽게 하기 위해 다음과 같이 발성연습을 한다. 제일 먼저 '하, 히, 후, 헤, 호' 연습을 한다. 사람들의 웃음소리가 주로 '하하하', '후후후', '호호호' 이므로 이렇게 연습하면 보다 실제적이다.

- '하' : 입을 목젖까지 보이도록 최대한 크게 벌려 큰 소리로 '하' 소리를 낸다.

- '히' : 입꼬리를 한 일(一) 자로 좌우로 최대한 당기며 큰 소리로 '히' 소리를 낸다.
- '후' : 입꼬리를 약간 긴장시키는 것처럼 입술을 가볍게 앞으로 내밀고 큰 소리로 분명하게 '후' 하고 소리를 낸다.
- '헤' : 아래턱이 당기는 느낌이 나고 아랫니가 보일 때까지 아랫입술을 당기면서 큰 소리로 '헤' 하고 소리를 낸다.
- '호' : 입술을 뾰족하게 내밀어 주름이 많이 생기도록 하고 큰 소리로 분명하게 '호' 하고 소리를 낸다.

Tip 성공적인 표정 만들기를 위한 6가지 포인트

1. 워밍업을 철저히 하고 몸과 마음의 긴장을 충분히 풀어라.
2. 거울을 보고 체크하면서 올바른 방법을 마스터하라.
3. 움직이고 싶은 근육에 의식을 집중하라.
4. 천천히 충분히 움직여라.
5. 꾸준히 지속하라. 매일 15분 5가지 이상의 운동을 습관화하라.
6. 무리하는 것은 금물, 지치지 않도록 주의하라.

출처: 이누도 후미코 지음, 백철호 옮김, 얼굴 표정근 운동법: 페이스닝, 북스넛, 2005.

2. 퍼스널 이미지

1) 퍼스널 이미지의 개념

'나' 라는 존재는 이 지구상에 단 한 명뿐이다. 설령 나와 똑같은 외모를 지닌 사람이 존재한다고 하더라도 그 사람이 나의 생각, 느낌, 신념, 성격, 능력, 표정, 말투, 목소리, 걸음걸이까지 똑같이 가지고 있을 수는 없다. 이처럼 사람은 각자 지니고 있는 특색이나 성향이 완전히 다른 상태로 존재하며 마찬가지로 개개인이 만들어 내는 각자의 이미지, 즉 퍼스널 이미지(personal image) 또한 다르게 형성된다. 다시 말해 퍼스널 이미지란 개인의 가치관과 행동, 태도, 외모 등에서 나타나는 특성이 다각적 방법을 통하여 연상 · 지각되는 것을 의미한다.

이미지(image)란 대상에 대한 고유한 느낌이나 특유한 감정을 일컫는 것으로 언급한 바 있다. 이러한 생각의 덩어리들은 나름대로의 사고나 취향에 따라 머릿속에서 편집되어 만들어진다. 그렇기 때문에 이미지는 다양성과 복잡성을 지니게 되고 개개인마다 주관적인 의견을 가지고 대상을 대하게 된다. 내가 표현하고자 하는 나의 모습과 타인이 보는 나의 모습이 100% 일치하기는 쉽지 않다. 그렇기 때문에 개인 이미지 연출에 있어서 가장 중요한 것은 상대방이 내가 의도한대로 나를 판단하게끔 하는 것이다. 타인이 주관적인 견해를 가지고 바라본 나의 모습들을 객관화시키고, 그것을 개선하여 나만의 고유한 퍼스널 이미지로 구축해야 한다.

겉모습만 보고 사람을 평가해서는 안 되지만, 자신의 퍼스널 이미지를 긍정적이고 가치 있게 만들기 위해서는 내적 요소뿐만 아니라 외적인 부분도 결코 간과할 수가 없다. 현대사회에는 인간의 능력을 평가하는 기준이 존재하는데, 우리가 잘 알고 있는 IQ, EQ, SQ 외에도 NQ(공존지수), HQ(행복지수), MQ(도덕지수) 등 사회생활을 위한 여러 기준들을 개념화시켜 표현하고 있다. 더 나아가 이제는 사회가 개개인에게 요구하는 자질을 가리키는 BQ(명석지수), GQ(글로벌지수), DQ(디지털지수), PQ(열정지수), CQ(창의지수) 등 개인의 능력을 표현할 수 있는 척도는 그 범위가 더욱 넓어지고 있다. 그 중에서 우리가 눈여겨보아야 할 개념은 바로 VQ(Visual Quotient), 시각적 감각을 측정하는 비주얼지수이다. VQ란 시각적으로 받아들인 정보를 두뇌에 저장해 두었다가 필요할 때 꺼내어 활용할 수 있는 능력을 표시하는 척도이다. VQ라는 용어를 제일 먼저 사용한 캐나다의 마샬 맥루한(Marshall McLuhan) 교수는 인간의 머릿속에 저장된 지식은 귀를 통해 기억되는 것보다 눈을 통해 기억되는 것이 580배 더 많다고 분석했다. 즉 지식의 99.9%가 시각적 정보라는 의미로, 퍼스널 이미지메이킹에 있어 비주얼 이미지 또한 얼마나 중요한지를 보여주는 내용이다.

자신의 이미지를 성공적으로 관리하는 것이 매우 중요해진 시대이다. 이 사회에 나를 '어떻게 표현하고 전달할 것인가' 에 대해 생각해야 한다. 내가 지닌 성품과 실력에 잘 관리된 외적 이미지까지 더해진다면 나의 경쟁력은 보다 더 가치 있게 될 것이다.

2) 퍼스널 이미지의 역사

(1) 헨리 8세

르네상스시대 영국의 왕 헨리 8세(1491~1547년)는 강력한 군주정치와 왕비를 여섯 번이나 갈아치운 스캔들로 무수한 이야깃거리를 남겨 오늘날까지도 두고두고 영화나 소설의 단골소재가 되는 인물이다.

헨리 8세의 부왕(父王) 헨리 튜더(Henry Tudor) 7세는 오랜 기간 동안 지속된 랭커스터가와 요크가의 장미전쟁을 잠재우고 각종 제도를 정비하면서 왕권을 강화시켰다. 숙적이었던 요크가의 딸과 결혼하면서 두 가문을 합병시키며 절대적으로 강력한 힘을 가진 새로운 영국의 왕이 되었다. 그는 두 가문의 상징이었던 붉은 장미와 흰 장미를 통일하여 새로운 왕조를 상징하는 '튜더 장미' 를 만들어 왕실 곳곳, 옷, 서류 등에 장식하게 했다. 이는 오늘날 기업을 상징하는 로고를 제작하여 소비자에게 기업 이미지를 구축시키는 CI(Cooperation Identity)활동과 다를 것이 없다. 이러한 상징물은 튜더 왕실(혹

헨리 8세
(1536년, 한스 홀바인 作)
https://en.wikipedia.org

은 오늘날의 기업)의 정체성을 대중에게 쉽게 각인시킬 수 있는 효과적인 방법이었으며, 오늘날 '튜더식 기업 이미지'라고 하는 것은 헨리 7세의 CI활동으로부터 시작되었다고 할 수 있다.

헨리 7세의 뒤를 이어 헨리 8세는 왕권을 더욱 강화시켜 튜더 왕조를 누구도 넘볼 수 없는 강력한 왕실로 만들었다. "국왕은 어느 누구에게도 복종할 필요가 없다"라고 선언한 헨리 8세는 자신의 권력을 극대화시켜 표현하게 하였는데, 공격적이고 권위적이며 자기중심적인 이미지의 초상화는 거대한 풍채에 온갖 보석과 모피, 벨벳으로 치장되어 더욱더 압도적으로 보이게 하였다. 1536년 화가 한스 홀바인에 의해 그려진 이 초상화는 오늘날까지도 영국인들이 한눈에 알아보는 유일한 초상화라고 할 정도로 대단한 카리스마를 느낄 수 있다.

또 헨리 8세는 가톨릭교회와 교황이 첫 번째 왕비와의 이혼을 승낙하지 않자 영국국교회를 설립하여 스스로가 직접 교회의 수장이 되었다. 그는 왕권과 종교에서 모두 최고권위를 누림으로써 튜더 왕권은 더 큰 힘을 갖게 되었고, 자신의 초상화를 전국 교회에 배포된 성경책의 표지에 실리도록 하여 국민에게 자신의 권위를 각인시켰다. 이는 대중을 대상으로 한 이미지메이킹인 셈이며, 강력한 정치와 그에 걸맞은 이미지 창조를 이용한 그의 퍼스널 이미지메이킹은 매우 성공적이었다고 할 수 있다.

(2) 엘리자베스 1세

헨리 8세의 딸인 엘리자베스 1세(1533~1603년)는 아버지에 이어 정치와 종교의 권위자로서 퍼스널 이미지메이킹에 성공한 인물이다. 당시에는 여성이 능력이나 신체적 · 윤리적인 면에서 여러모로 남성보다 뒤진다는 생각이 강했다. 엘리자베스 1세는 그러한 우려와 비판을 종식시키기 위해 정치뿐만 아니라 내적 · 외적 이미지를 높이는 데 노력을 게을리하지 않았다.

은둔생활 끝에 여왕이 된 그녀가 즉위식의 시작과 동시에 행한 것은 '처녀여왕(The Virgin Queen)'의 이미지를 대중에게 각인시키는 것이었다. 그녀는 이미지메이킹의 도구로 초상화를 적극 활용하였다. 대관식 초상화 속의 그녀는 결혼하지 않은 처녀를 상징하는 긴 머리칼을 그대로 늘어뜨려 순결한 이미지를 연출하며 스스로를 '여신'으로 보이게 했다. 처녀여왕을 신화나 전설처럼 묘사하기 위해 그리스신화를 대표하는 세 여신이 엘리자베스의 아름다움과 품위를 경외하는 듯한 그림을 그리게도 했고, 새하얀 옷을 입어 처녀의 순결함을 나타내기도 했다. 특히 순결함을 상징하는 진주를 이용한 장신구는 그녀의 초상화에서 빠지지 않고 있고, 그 외 다른 초상화들에서는 압도적으로 화려한 장신구와 의복에 둘러싸여 여왕으로서의 권위와 우아함을 표현하고자 했다. 처녀여왕으로서의 영원성을 간직하기 위해 나이가 들어 보이는 초상화는 모두 폐기하기도 하였다. 그녀는 외모를 치장하는 데에도 굉장히 공을 들였다. 궁정에서 가장 아름다운 여성이 되기 위해 평소에도 소식(小食)을 하고 꾸미는 것을 게을리하지 않으며 가녀린 몸매와 아름다운 몸가짐을 유지하였고, 가톨릭교의 동정녀 마리아처럼 보이기 위해 여러 화장술을 동원했다고 전해진다. 또 여왕으로서의 자신을 돋보이게 하기 위해 반짝이고 화려한 의상을 입으면서 주변의 시녀들은 모두 검은색과 흰색만을 입게 하였다.

그렇다고 그녀가 외모에만 치중한 것은 결코 아니었다. 엘리자베스 1세는 엄청난 양의 독서를 하고 6개 국어를 자유자재로 구사하며 라틴어 책을 번역하는 것이 취미였을 정도였다. 그녀는 끊임없이 학문에 매진하였고 '어떤 이야기를

엘리자베스 1세
(1600년경, 작자미상)
http://www.npg.org.uk

엘리자베스와 세 여신
(1569년, 작자미상)
https://en.wikipedia.org

꺼내도 이미 다 알고 있는 여자' 로 칭해질 정도로 박학다식하였다. 또한 궁정인들에게 철저한 도덕관념을 강요하였으며 당시 유럽에서 가장 국민의 목소리를 귀담아 들은 군주로 통하였다.

"나는 영국과 결혼했다. 영국의 백성들이 나의 아들이고 딸이다", "평생 처녀로 살다 간 여왕이라는 비석만 세울 수 있다면 만족한다"라는 말처럼 그녀는 처녀여왕 이미지를 정치와 종교에 적극 활용하였고, 끝없는 결혼 권유에도 불구하고 마지막까지 평생 독신으로 살며 영국 발전에 몸을 바쳤다. 그 결과 여성임에도 불구하고 강력한 중앙집권정치와 영국 절대주의의 전성기를 누릴 수 있었고, 영국을 정치 · 경제 · 문화에 있어 유럽 최강국으로 만들었다. 그녀의 성공적인 퍼스널 이미지메이킹은 영국 국민들이 자국의 여왕을 여신처럼 받들며 숭배하게 만들었다.

(3) 마타 하리

제1차 세계대전 당시 독일 측의 여성 스파이로 활동했던 마타 하리(Mata Hari, 1876~1917년)는 이국적인 신비로움을 이미지메이킹에 활용한 인물이다. 네덜란드 출신의 그녀는 올리브빛 피부에 검은 머리와 커다란 눈을 가진 이국적인 미모의 여성이었다. 당시 식민지에 나가 있던 유럽의 백인 남성들은 백인 여성을 만날 수가 없어 구혼광고를 내곤 하였다. 어려운 환경의 마타 하리는 네덜란드 장교와 결혼하기 위해 인도네시아로 건너가 아이들까지 낳았지만 결국엔 이혼하게 되고, 이혼 후 네덜란드가 아닌 프랑스로 가서 물랭루즈의 클럽 댄서로서 새로운 인생을 시작하게 된다.

그녀는 인도네시아에서 어깨너머로 배워온 벨리 댄스로 유럽 사교계에 큰 화제를 불러일으켰다. 정통 벨리 댄스는 아니었지만 이국적인 외모의 마타 하리는 노출이 심한 의상과 함께 관능적이고 자극적인 춤으로 남성들을 열광시켰다. 이 때부터 그녀는 본격적으로 자신을 신비로운 이미지로 꾸미기 시작했다. 그녀의 본명은 따로 있었지만 이국적인 외모에 어울리게 인도네시아어로 '여명의 눈동자' 라는 뜻의 '마타 하리' 로 이름을 바꿨다. 어려웠던 과거나 결혼 · 이혼경력을

마타 하리
https://namu.wiki

숨기고, 자신이 자바섬의 인도네시아 혼혈 왕족이라고 꾸미거나 인도의 여사제라고 거짓말을 하기도 하였다. 이국적인 동양의 신비로움과 관능미를 지닌 그녀의 스트립댄스는 유럽 남성들을 단번에 매료시켰으며, 마타 하리는 당시 파리에서 가장 유명한 댄서로 명성을 떨치게 된다.

그녀가 군 장교, 재벌, 정치인, 왕족 등 점점 유럽의 최고위층 남성들과도 친밀한 관계를 가지게 되자 영국 · 프랑스와 전쟁 중이었던 독일군은 마타 하리에게 첩보활동을 의뢰하게 된다. 여성의 몸으로 군인들과 쉽게 접촉할 수 있고, 프랑스어와 독일어가 가능하며, 천한 댄서 신분이기 때문에 의심을 피해갈 수 있는 조건의 그녀는 여성 스파이로 안성맞춤이었다. 그렇게 시작된 그녀의 스파이활동은 독일과 프랑스를 넘나들며 이어졌고, 스파이 역사상 '기적의 숫자' 로 표현되는 비밀번호 '213515' 의 일화를 남길 정도로 미모와 기지로 임무를 수행했다. 그러나 그녀의 스파이활동은 계속되는 의심 속에 결국 발각되었고, 1917년 스파이 혐의로 사형을 선고받고 파리에서 총살당하였다.

마타 하리는 오늘날까지도 매혹적인 여성 스파이의 대명사로 여겨지고 있으며, 이국적인 미모를 바탕으로 자신을 신비롭게 이미지메이킹하여 드라마틱한 인생을 산 여인이었다.

3) 퍼스널 이미지의 사례

퍼스널 이미지를 이용한 성공 사례는 정치인에게서 가장 많이 찾을 수 있다. TV가 등장한 이래로 '이미지 정치', '이미지 선거' 에 대한 논란은 계속되고 있

Personal Image Making

다. 대중매체로부터 끊임없이 쏟아지는 엄청난 양의 정보는 우리의 판단기준을 흐릿하게 만들고 점점 실질적인 내용이나 상세한 분석을 기초로 합리적인 판단을 내리는 것이 어려워지게 되고 어느 순간부터는 느낌, 즉 '이미지' 로 판단을 내리기 시작하게 되었다. 소비자가 제품을 구매할 때 성능뿐만 아니라 그 제품과 기업의 이미지도 함께 구매하게 되는 것처럼 오늘날의 정치와 선거에 있어서도 같은 과정을 보이게 되면서 구매의사결정에 있어 '이미지' 는 매우 중요해지고 있다.

정치인은 특정의 이미지를 연출하여 유권자에게 감정적 · 감성적 측면을 자극하고, 유권자들은 구호와 이미지로 요약되는 후보 개인의 '느낌' 을 가지고 투표하는 경향이 나타나기 시작했다. 따라서 후보 개인이 부각되고 정당의 역할은 자연스레 축소되면서, 정책이나 공약 등의 언어적 메시지보다 후보 개인이 지닌 외모 · 스타일 · 목소리 · 말투 · 표정 등의 비언어적 메시지에 집중하는 현상이 나타났다. 2015년의 한 기사에 따르면, 미국의 대선후보 및 정치인들은 공식 프로필에 기재된 키를 필요에 따라 그때그때 다르게 소개한다고 한다(중앙일보, 2015년 11월 10일). 대선에서 키가 더 큰 후보가 이길 확률은 69%인데, 특히 1980년 이후 당선된 미국 대통령은 모두 180cm가 넘을 정도로 선거 결과에 일정부분 영향을 끼친 것은 분명하다. 그렇기 때문에 나란히 서 있는 경우가 많은 대선후보들이 유권자들에게 조금이라도 더 장신으로 보이기 위해 허리를 꼿꼿하게 핀다거나 공식 프로필을 수정하는 등 키에 대해 민감한 반응을 보이면서 외적인 이미지를 중요하게 관리하는 것이다.

이처럼 '이미지' 가 선거의 당락을 좌우하게 될 정도로 정치인에게 있어 퍼스널 이미지메이킹은 체계적으로 관리되어야 할 중요한 부분이다. 성공적인 이미지메이킹전략을 꾀했던 정치인의 사례를 살펴보기로 한다.

(1) 존 F. 케네디

'이미지 정치' 혹은 '미디어 정치' 라는 개념이 탄생하게 된 데에는 1960년 미국 대통령 선거에서 승리한 35대 대통령 케네디(John F. Kennedy)의 역할이 컸

존 F. 케네디
https://www.whitehouse.gov

다. 당시 상대후보였던 닉슨(Richard M. Nixon)은 부통령을 두 번이나 지냈을 정도로 대중에게 인지도가 높은 인물이었다. 상대적으로 젊고 무명에 가까웠던 케네디는 자신의 외모를 전략적으로 최대한 활용하기로 했다. 미국에서 최초로 시행된 정치인 TV토론회는 그동안의 지지도를 뒤엎을 만큼 큰 반향을 일으켰다. 케네디는 활기차고 젊은 이미지를 연출하기 위해 헤어와 메이크업을 하고 흑백배경을 고려하여 짙은 감청색 슈트를 입었다. 그는 시종일관 밝은 표정을 짓고 적절한 미소와 자연스럽고 여유로운 제스처로 토론에 임했다. 반면 회색 슈트를 입은 닉슨은 상대적으로 초췌하고 나이가 들어 보였고, 무뚝뚝한 표정으로 실질적인 내용전달에 집중하는 모습을 보였다. TV토론회 이전에는 닉슨이 유리하였지만, 토론회 이후 케네디의 지지도는 높이 올라갔다. 재밌는 것은 토론회를 라디오로 청취한 유권자들은 여전히 닉슨을 지지하였다는 사실이다. 닉슨의 목소리와 말투, 조리 있는 연설로 무장한 커뮤니케이션 능력을 라디오를 통한 청각적 이미지로 접한 유권자들에게는 케네디보다 매력적이고 신뢰감 있게 다가갔던 것이다. 그러나 미디어 전문가들이 수차례 지적했던 표정, 패션, 메이크업, 제스처와 같은 시각적 이미지를 가볍게 여긴 탓에 결국 선거는 케네디의 승리로 끝이 났고 케네디는 미국 최연소 대통령으로 당선되었다.

케네디의 당선이 단지 이미지메이킹 때문만은 아니겠지만 선거에 큰 영향을 준 것은 분명하다. 그의 뛰어난 용모와 호감 있는 인상, 특히 입꼬리가 올라가는 시원한 미소로 만들어 낸 퍼스널 이미지전략은 '스마일 파워'의 승리로 평가되고 있다. 그는 TV가 가지고 있는 위력을 정확하게 파악하여 이미지와 미디어를 선거에 적극적으로 활용하여 성공한 것이다.

(2) 빌 클린턴

빌 클린턴(Bill Clinton)은 미국 42대 대통령으로 안정되고 평화로운 정치와 경제 속에서 유연한 정치적 역량과 이미지 메이킹을 통해 성공적으로 대중의 호감을 얻은 인물이다. 전형적인 백인 미국인의 인상으로 낙천적이고 밝은 미소, 깔끔하고 세련된 외모는 매너 있는 신사다운 이미지와 함께 대중의 호감을 이끌어 내는 데 효과적이었다. 특히 선거유세와 취임식 때 캐주얼한 복장으로 색소폰을 부는 모습이 TV전파를 타면서 친근한 이미지로 대중에게 높은 공감지수를 이끌어 내었다. 그 후, 지지도는 상승했고 클린턴이 이끄는 미국 또한 활기차고 정치적으로도 건강했다.

빌 클린턴
https://www.whitehouse.gov

색소폰 부는 빌 클린턴
http://startelegram.typepad.com

대통령 재임기간 동안 스캔들이나 정치행보의 위기가 있기도 했지만, 그동안 쌓아올린 젊고 재치 있고 자신감 넘치는 이미지를 활용하여 위기를 모면할 수 있었다. 클린턴 역시 TV라는 매체를 활용하여 광고를 통해 효과적으로 홍보를 하였고 결국 그의 성공적인 이미지메이킹은 그가 다른 약점을 극복하고 재선에 성공하는 데 큰 영향을 끼쳤다.

(3) 버락 오바마

2008년 흑인 최초로 미국 대통령에 당선된 버락 오바마(Barack Obama)는 44대 대통령에 이어 45대 대통령까지 연임하면서 젊고 정직하고 깔끔하고 '변화'를 주도하는 능력 있는 정치인으로서의 면모를 뽐내고 있는 인물이다. 타고

난 연설가인 그의 스피치는 힘이 있고 긍정적이며 희망적인 메시지를 담는다. 선거유세 당시 오바마의 공식 슬로건은 'Yes, We Can(우리는 할 수 있다)' 으로 변화, 통합, 약속, 꿈, 희망 등의 단어를 자신감 넘치는 말투로 반복하는 그의 연설은 대중들에게 큰 감동을 주며 많은 지지를 얻을 수 있었다.

또한 오바마는 이미지메이킹의 방법으로 패션을 적극 활용하였다. 선거유세 기간 동안 그는 '슈트 5벌의 전략' 을 펴했는데, 똑같은 색과 디자인을 가진 5벌의 슈트를 번갈아 입으면서 소탈하고 진솔한 대통령후보의 이미지를 심어줬다. 같은 슈트로 한결같은 이미지를 유지하면서도 거리유세 때는 재킷을 벗고 넥타이 없이 단추를 풀어 헤치고 소매를 걷어 올린 흰색 셔츠 차림으로 서민을 위해 열심히 일하는 '열정적인' 이미지를 선보이기도 했다. 가끔은 청바지 차림으로 유세현장에 나타나 젊은 세대와 공감하는 자세를 보여주기도 하였으며, 스포츠 경기를 관람할 때는 운동화에 모자, 선글라스로 활동적인 모습을 보이는 등 캐주얼과 슈트를 넘나들며 자연스러우면서도 때와 장소에 걸맞은 매력을 보여주었다. 큰 키에 젊고 잘생긴 외모, 날렵하고 호리호리한 체격은 튀지 않은 패션을 세련되게 연출하여 입는 옷마다 맵시가 났고, 그런 그를 미국의 패션전문가들은 '제2의 케네디' 혹은 '블랙 케네디' 라고 빗댈 정도로 오바마의 패션은 스타일리시하고 평범한 듯하면서도 높은 안목을 갖고 있었다.

특히 오바마가 대통령에 당선되던 날 선보였던 강렬한 패밀리 룩 또한 화제였다. 버락 오바마와 미셸 오바마, 그리고 두 딸은 검은색과 빨간색이 어우러져 조

버락 오바마
https://www.whitehouse.gov

대통령 당선 후의 가족 패션
http://noosphere.princeton.edu

화로우면서도 강렬한 인상의 패밀리 룩을 연출하였다. 조화로운 옷을 입은 대통령 가족의 모습은 화목한 가정의 분위기를 연출하면서도 행복한 가정과 국가를 지킬 수 있도록 대통령의 임기를 다하겠다는 메시지를 패션을 통해서 전략적으로 전달하고 있다고 해석된다.

오바마는 패션을 멋 내기 위한 것이 아닌 믿음직하고 소탈한 이미지를 보여주기 위한 수단으로 선택했다. 사실 이러한 그의 소탈함은 고도로 계산된 전략으로 보이는데, 대선 내내 저가 브랜드의 슈트 5벌을 돌려 입었지만, 대선 승리 후에 착용한 슈트 안쪽에는 이탈리아의 고가 브랜드 라벨이 포착되었다. 어떤 브랜드를 입었든 간에, 그가 전략적인 패션을 통해 독창적인 퍼스널 이미지를 구축하여 성공했다는 것은 틀림이 없다.

(4) 매들린 올브라이트

1997년부터 2001년까지 미국 최초의 여성 국무부 장관을 역임했던 매들린 올브라이트(Madeleine K. Albright)는 자신의 정치적 신념이나 외교 메시지를 작은 브로치를 통해 전달하는 일명 '브로치 외교'를 펼쳤다. 국제협상 때마다 자신의 심경을 드러내기 위해 상징성이 담긴 브로치를 착용하였는데, 그녀의 브로치는 외교적 의미를 담고 있을 뿐만 아니라 하나의 패션 아이템으로서 자신의 품위와 여성미까지 표현할 수 있었다.

그녀의 자서전 『*Read my pins*』에 의하면, 그녀가 브로치를 처음으로 외교에 사용한 것은 1994년 UN 주재 미국대사로 있었을 때였다. 이라크의 언론이 그녀를 '독사' 라고 표현하자 CNN방송에 당당하게 뱀 모양의 브로치를 달고 나와 카리스마를 보여줬다. 협상의 귀재인 그녀는 미국을 대표하는 자리에는 미국의 상징인 성조기나 독수리 모양의

매들린 올브라이트
http://m.huffpost.com

브로치를 달거나 시간을 엄수하자는 의미의 시계 모양 브로치를 착용하는 등, 그녀는 브로치를 통해 강한 카리스마와 지적인 능력을 전달하면서도 한편으로는 딱딱하고 무거울 수 있는 정치를 부드럽고 우아하게 펼쳤던 여성 정치인이었다.

(5) 힐러리 클린턴

빌 클린턴의 부인인 힐러리 클린턴(Hillary Rodham Clinton)은 영부인에서 국무장관, 상원의원, 대선까지 출마한 경력이 있는 미국 최고의 여성 리더로 손꼽히는 인물이자 패션 이미지전략 정치의 선구자라고 할 수 있다.

예일 법대 출신의 변호사였던 그녀는 자존심이 강한 지성인으로, 두꺼운 검은 뿔테안경에 어두운 색의 패션으로 크게 눈에 띄지 않는 모범생 차림을 한 촌스러운 스타일이었다고 한다. 그러다 클린턴이 주지사 재선에 탈락하고 나서부터 본격적으로 스타일에 변화를 꾀하기 시작, 나이 들어 보이는 부풀린 헤어 스타일을 세련된 단발 스타일로 바꿔 기품이 느껴지는 클래식한 분위기로 연출하였다. 영부인이 된 후에는 고급스럽고 여성스러운 드레스에 우아한 금발의 헤어스타일, 화사한 메이크업 등으로 전체적으로 화려하면서도 품위 있는 여성미가 물씬 풍기는 스타일을 유지하였다. 그러다 빌 클린턴의 의료보험 개혁실패로 지지율이 떨어지고 대중의 비난이 들끓자 힐러리는 화사한 영부인의 스타일을 벗어던지고 자연스러운 단발머리와 편안한 메이크업, 수수하고 심플한 옷차림으로 일반 가정집 주부와 같은 분위기를 자아내게끔 이미지 변신을 꾀했다. 대통령에 대한 사회의 분위기에 맞춘 스타일링을 통해 이미지메이킹을 한 것이다.

힐러리 클린턴
http://althistory.wikia.com

2001년 클린턴이 퇴임하자 그녀는 민

주당 상원의원으로서 본격적으로서 정치활동을 시작하며 기존의 여성스러움을 버리고 열정적인 커리어우먼의 스타일을 선보이기 시작했다. 귀를 드러낸 짧은 헤어스타일에, 화사했던 금발을 밝은 갈색으로 바꿨다. 영부인 시절 즐겨 입던 우아한 원피스나 투피스가 아닌 활동적인 바지정장 차림을 고수하되 컬러만큼은 밝고 화사하게 선택하여 젊고 활기차 보이게 연출했다.

2008년 민주당의 대선 경선에 출마하면서는 더더욱 카리스마 넘치는 우먼파워를 보여주기 위해 직선의 느낌이 강한 어두운 색의 슈트를 입으면서도 자신보다 젊은 상대후보인 오바마를 상대하기 위해 젊고 활동적으로 보이게 헤어와 메이크업을 하였다. 오바마에게 패한 후 2009년에 제67대 미국무부 장관에 취임한 후에도 그녀의 자신감 넘치고 세련된 커리어우먼 이미지는 계속되었고, 때때로 여성의 우아함을 상징하는 주얼리나 액세서리를 통해 자신의 심리상태나 의지 등을 표현하기도 하였다. 그녀의 이러한 패션전략은 정책의 반대파를 완화시키는 효과를 가져올 정도로 여성 정치인으로서의 장점을 이용한 것이다.

자신이 처한 상황에 걸맞은 스타일링과 이미지 극대화전략은 자칫 대중의 관심을 끌기 위한 수단으로 비춰질 수도 있었지만, 그녀의 끊임없는 자기관리와 도전의식은 대중에게 그녀를 효과적으로 어필할 수 있는 일등공신이었다. 힐러리 클린턴의 이미지메이킹전략은 그녀가 가진 합리적인 논리성, 철저한 분석력과 함께 그녀를 21세기 리더십을 지닌 여성의 대표주자로 손꼽히게 하였다.

(6) 미셸 오바마

버락 오바마의 부인인 미셸 오바마(Michelle Obama)는 전형적인 영부인의 점잖은 패션이 아닌 젊고 경쾌한 이른바 '에너지 룩'을 선보인 여성이다. 미국 최초의 흑인 퍼스트레이디인 그녀는 주로 품위 있으면서도 실용적인 스타일의 패션을 통해 소탈하고 활동적인 이미지를 어필하였다.

특히 그녀가 2009년 오바마 대통령의 1기 취임식 때 착용한 중저가 브랜드의 가죽장갑은 미국 국민들에게 큰 반향을 일으켰다. TV로 그녀의 가죽장갑을 본 시청자들로 인해 그날 저녁 해당 브랜드의 홈페이지는 서버가 마비될 정도였고

2009년 취임식의 미셸 오바마
http://bits.blogs.nytimes.com

주가는 25%나 증가하였다. 또한 취임식 무도회 때에는 그녀가 미국의 무명 디자이너였던 '제이슨 우'의 드레스를 입고 등장함으로써 그 이후 제이슨 우는 세계적인 스타 디자이너로 떠오르게 되었다.

2013년 2기 취임식 때에도 그녀는 미국의 중저가 브랜드와 미국 디자이너의 제품을 착용하고 딸들에게도 미국 브랜드의 코트를 입혔다. 평소 공식석상에서도 3~30만 원대의 브랜드를 즐겨 이용, 미국의 영부인으로서 자국 브랜드를 이용하는 모습을 통해 국민들에게 큰 호감을 얻는 한편 침체기에 빠져 있던 뉴욕 패션업계에도 경제적 활력을 불어넣었다. 그렇다고 그녀가 자국 브랜드만을 고집한 것은 아니다. 다른 국가를 방문하거나 대접할 때에는 그 나라의 패션 디자이너 작품을 착용하는 등, 패션을 통해 상대국가를 배려하며 정치적으로 유연하게 패션 센스를 발휘하였다.

그렇다고 그녀가 단지 패션으로만 국민들의 호감을 얻었다고는 할 수 없다. 미셸 또한 오바마 대통령과 같이 하버드 법대 출신에 잘나가는 변호사였고, 인종차별을 극복한 자수성가 커리어우먼 이미지는 많은 여성들의 롤모델이 되어 그녀는 '세계에서 가장 영향력 있는 여성' 1위에 링크되기도 하였다. 그녀 또한 남편과 같이 연설에 능하지만 정치이슈와 관련한 발언은 자제하는 태도를 취하며 남편을 내조하는 '동반자'의 역할에 충실하고자 했다. 주로 아동비만 퇴치운동과 같이 중립적 이슈에 참여, '엄마들의 대장(mom-in-chief)'과 같이 대중을 위한 이미지메이킹을 하는 편이다. 이는 남편의 지지율을 위해 논쟁이 될 만한 이슈에는 개입하지 않는 선거전략이라는 분석이다.

저가의 브랜드이지만 자신의 몸매를 돋보이게 하는 패셔너블한 스타일로 세련되고 젊고 소탈한 영부인의 면모를 과시하는 그녀의 패션은 남편인 오바마 대통령의 이미지메이킹전략과도 상통한다. 또한 그녀가 선보인 패션전략은 여성

리더의 '파워드레싱(power dressing)'이 얼마나 중요한가를 보여주는 사례가 된다.

4) 퍼스널 이미지 자가진단

우리는 나 자신이라는 브랜드를 스스로 PR하는 시대에 살고 있다. 얼마 전까지만 해도 스펙과 인맥으로 평가되던 취업조건은 이제는 남들과 차별화된 가치, 즉 긍정적이고 독창적인 셀프 이미지를 장착한 인재를 발굴하는 것으로 변화하고 있다.

나의 퍼스널 이미지를 성공적으로 이미지메이킹하기 위해서는 스스로에 대한 철저한 분석을 바탕으로 하여야 한다. 내가 생각하는 나의 이미지는 다른 사람들이 생각하는 이미지와 같을 수도, 혹은 전혀 다를 수도 있다. 심지어 다른 사람이 나를 볼 때 머릿속에 떠오르는 이미지는 모두 제각각이다. 10명의 사람이 나를 바라보면 나에 대한 이미지는 10개가 된다. 그 중에 공통되는 것이 있다면 그것은 좋든 싫든 간에 분명한 나의 이미지인 것이다. 그러므로 자신의 퍼스널 이미지를 분석하고 메이킹하는 데 있어서 목표로 해야 할 것은 다른 사람들이 나에 대해 가지고 있는 생각, 즉 내가 연출해야 할 이미지와 사람들이 나에 대해 가졌으면 하는 생각을 일치시키는 것이다. 가장 먼저 시행되어야 할 것은 나의 이미지에 대한 자가진단이다. 스스로를 객관적으로 보고, 부정적인 것은 개선하고 긍정적인 것은 더욱 발전시키는 분석적 사고가 필요하다.

먼저, 나를 표현하는 키워드를 통해 나의 내적 · 외적 이미지를 객관화시키고, 실제 나의 이미지와 이상적으로 생각하는 이미지와의 간극을 파악해 보도록 한다. 나의 내적 · 외적 이미지를 객관화시켜 보자. 스스로를 설명할 수 있는 가장 적절한 단어 5~7개 정도를 적은 후, 다른 사람에게 가장 많이 들어왔던 평가에 대한 단어를 적는다. 마지막으로 내가 남들에게 이렇게 보여졌으면 하는 이상적인 이미지 단어를 적는다. 세 가지 항목에서 공통된 것이 많으면 어느 정도 성공적인 이미지메이킹을 하고 있는 것이고, 전혀 다르다면 그 간극을 줄여 나가도록 노력해야 할 것이다.

좀 더 구체적인 퍼스널 이미지를 진단하기 위해서는 세부적인 항목에 대한 체크리스트가 필요하다. 이미지를 항목별로 나눈 후, 각각의 하위항목에 대해 자신의 상태를 체크하며 진단하도록 한다.

내가 생각하는 나	다른 사람이 생각하는 나	나의 이상적 이미지
꼼꼼한 무뚝뚝한 심미적인 체계적인 정이 많은	결단력 있는 꼼꼼한 부지런한 배려 깊은 센스 있는	센스 있는 독창적인 카리스마 있는 자신감 넘치는 긍정적인

출처: 오경화 외, 패션 이미지업, 교문사, 2011.

퍼스널 이미지 진단을 위한 체크리스트

항목		체크할 내용	체크
외적 이미지	성격	나는 대인관계가 원만한가? 나는 타인을 잘 이해하려고 하는가? 나는 칭찬을 잘하는가? 나는 끈기가 있는가? 나는 노력하는 사람인가?	
	가치관	나는 긍정적인 사고방식을 가지고 있는가? 나는 인생의 뚜렷한 목표를 가지고 있는가? 내가 닮고 싶은 이미지 모델이 있는가? 나는 스스로가 가치 있는 사람이라고 생각하는가?	
내적 이미지	표정	나는 첫인상이 좋다는 말을 자주 듣는가? 나는 평상시의 표정이 밝고 잘 웃는 편인가? 내가 웃을 때 입꼬리가 올라가는가? 내가 웃을 때 눈도 함께 웃고 있는가?	
	외모	나는 나에게 어울리는 옷차림을 하는가? 나는 때와 장소에 어울리는 옷차림을 하는가? 나는 옷을 센스 있게 잘 입는다는 칭찬을 듣는가? 나의 피부색에 어울리는 컬러를 알고 있는가? 나의 얼굴형에 잘 어울리는 헤어 스타일을 하고 있는가?	

		나는 메이크업을 과장되지 않게 잘하는 편인가? 나는 때에 따라 향수를 사용하는가? 나는 체중관리를 위해 지나친 식탐은 자제하는가? 나는 계절에 맞게 피부관리를 하고 있는가?	
	매너	내가 먼저 상대방에게 인사하는 편인가? 나는 인사할 때 인사말을 사용하는가? 나는 약속시간을 잘 지키는가? 나는 남을 잘 배려하는가? 나는 비즈니스 매너 스킬에 익숙한가? 나는 공공장소에서 어색하지 않게 규칙을 지키는가?	
	자세	내가 서 있을 때 등이 구부정하지 않고 자세가 반듯한가? 나의 앉은 자세는 예의바르고 단정한가? 나는 팔자걸음을 걷지 않고 반듯하게 걷는가?	
	말투	나는 목소리가 좋다는 말을 듣는가? 나는 말할 때 발음이 정확한가? 나는 말할 때의 속도가 적절한가? 나는 대화할 때 상대방의 말을 경청하는 편인가? 나는 대화할 때 상대의 눈을 바라보는가? 나는 대화할 때 상대방에게 알맞은 경어를 사용하는가?	

PERSONAL IMAGE MAKING

02
CHAPTER

패션 이미지

패션은 그 시대의 아름다움을 반영한다. 그 시대의 문화와 사회, 정치, 경제, 환경을 들여다볼 수 있는 비언어적 도구이다. 또한 패션은 나 자신의 생각과 신념, 개성을 표현해 주는 시각적 수단으로 적극 활용할 수 있다. 스스로 원하는 이미지 그대로 타인이 봐주길 바라며 우리는 자신의 외모를 선택하여 표현한다. 머리부터 발끝까지 아름답게 꾸민 사람은 보는 이로 하여금 좋은 인상을 갖게 한다. 이미지메이킹에 있어 타인에게 보여지는 외적인 요소는 매우 중요하다. 이미지메이킹을 위한 외적 요소들 중에서 많은 비중을 차지하고 있는 것이 바로 '옷'이다. 옷은 제2의 피부라고 할 정도로 신체와 가장 밀착되어 있다. 우리는 세련되고 멋스러운 이미지를 위해 옷뿐만 아니라 컬러, 소품, 헤어 스타일, 메이크업 등을 선별하여 착용할 수 있다. 이러한 외적 이미지관리는 긍정적인 방향으로 나의 이미지를 개선시켜주고 스스로의 경쟁력을 높여 사회생활에 있어 좋은 결과를 가져올 수 있다. 나에게 맞는 컬러나 패션에 대한 감각을 기른다면 나 자신의 외적 이미지 가치는 더욱 높아질 것이다.

제2장 패션 이미지에서는 패션 스타일링의 개념 및 방법에 대하여 다루고 있다. 이는 국가직무능력표준(NCS) 직무 중 '패션 디자인'에 대한 것으로, 능력단위 명칭 '패션 디자인 자료수집'과 '패션 디자인 개발', '패션 디자인 기획', '패션 디자인 커뮤니케이션전략 지원'에서 해당하는 내용을 종합적으로 반영하고자 하였다.

첫째, 컬러별 패션 스타일링에서는 색채를 활용한 디자인 정보수집 및 아이디어에 관한 내용으로, 색채에 대한 기본적인 개념 이해와 함께 각각의 색이 지니고 있는 감성을 파악하고 최종적으로 색채감각을 통하여 나에게 어울리는 퍼스널 컬러를 찾아 감각적인 스타일링을 할 수 있도록 구성하였다.

둘째, 체형별 패션 스타일링은 패션 디자인의 요소(색채, 소재, 실루엣, 디테일)에 대한 디자인 정보를 선별 · 분석한 후, 그 결과를 응용하여 자신의 체형에 맞는 스타일링을 할 수 있도록 내용을 정리하였다.

셋째, 아이템별 패션 스타일링에서는 '패션 디자인 커뮤니케이션' 중 코디네이션 제안에 관한 내용으로, 기본적인 상의 · 하의 · 소품을 활용하여 최적의 스타일링, 아이템 코디네이션을 할 수 있도록 구성하였다.

넷째, 이미지별 패션 스타일링은 국내외 트렌드 자료수집에 관한 내용으로, 패션 디자인에 대한 테마, 콘셉트, 트렌드에 대한 지식을 통해 각각의 패션 테마(이미지)를 파악하고 원하는 방향에 맞게 응용하여 감각적으로 스타일링할 수 있게끔 정리하였다.

다섯째, 상황별 패션 스타일링 또한 상품 코디네이션 정보를 필요로 하는 업무상황 및 목적, 즉 TPO에 적합한 스타일링을 위한 내용으로 구성하였다.

1. 패션 스타일링의 개념

패션 스타일링(fashion styling)이란 의복, 헤어 스타일, 메이크업, 소품 등 모든 패션 아이템들을 이용하여 착용자의 신체특성이나 개성, 라이프 스타일에 적합하게끔 표현하는 것을 말한다. 원하는 이미지를 창출하는 데 있어서 패션은 가장 손쉬우면서도 드라마틱한 효과를 가져온다. 이는 패션(의복)이 스타일링에 있어 가장 많은 비중을 차지하기 때문이다. 똑같은 인물인데도 의복과 패션소품에 부가적으로 헤어와 메이크업까지 더해지면 어떻게 꾸몄느냐에 따라 완전히 다른 인물로 비춰질 수 있다. 드라마나 영화 속의 배우들이 주어진 캐릭터를 충실히 표현하기 위해 외모변신을 꾀하는 것도 이 때문이다. TV 속 코미디언들이 누군가의 성대모사를 할 때, 단순하게 목소리와 말투만 흉내 내는 것보다 그 대상의 패션이나 헤어, 메이크업을 따라 분장하고 성대모사를 하면 시청자들은 훨씬 더 즐거움을 느끼는 것도 같은 맥락이다.

'얼굴의 완성은 패션'
스페인의 인물사진작가 나초 로조(Nacho Rojo)의 작품
https://www.pinterest.com/pin/487936940848045325

미적 감각의 기준을 어디에 두느냐에 따라 다양한 방법으로 스타일링을 할 수 있다. 컬러가 주는 이미지나 배색에 집중하여 스타일링할 수도 있고, 나의 체형에 맞는 의복 착용을 가장 중요하게 여길 수도 있다. 패션에서 느낄 수 있는 감성이미지에 따라 스타일링할 수도, 라이프 스타일에 맞게 스타일링할 수도 있다. 이 모든 스타일링 방법들의 기본원칙은 나 자신을 '긍정적인 이미지'로 보여지기 위함이며, 그렇기 때문에 단점은 최소화하고 장점은 최대로 부각시킬 수 있는 스타일링 방법을 터득하는 것이 중요하다. 패션 스타일링은 이제 더 이상 패션 종사자들만을 위한 개념이 아니다. 유행을 무조건 따라 하기보다는 때와 장소, 상황에 맞는 적절한 TPO 스타일링을 통해 나 자신을 표현하고 개성을 돋보이게 해야 경쟁력을 지닐 수 있는 시대이다.

패션의 본래 뜻은 '유행'이지만, 대중들은 일반적으로 '의복'을 떠올리게 된다. 이 장에서는 스타일링의 대상을 의복, 헤어, 메이크업, 소품으로 삼았지만 헤어와 메이크업은 다음 장에서 더욱 자세하게 다루기로 한다.

2. 컬러별 패션 스타일링

색(色, color)은 우리 주변의 모든 것에 존재하며 인간의 정서와 감정, 그리고 과학적 · 비과학적 분야에까지 영향을 끼치는 매우 복합적인 개념이다. 인간의 다섯 가지 감각기관 중 가장 빠르게 반응하는 것은 시각이고, 가장 큰 비중을 차지하는 것도 시각이다. 이는 첫인상을 결정짓는 요소 중 80%가 시각적 요소인 것과 같으며, 시각적 요소 중에서도 색을 가장 민감하고 빠르게 인지한다. 색채 심리학자 겸 디자인 컨설턴트인 루이스 체스킨(Louis Cheskin)은 색이 시각적 이미지 외에도 심리적 · 육체적으로도 영향을 준다고 하였다. 최근 들어 산업계를 넘어 일상적인 생활에서도 색의 중요성이 크게 부각되면서 컬러를 이용한 심리치료, 컬러 테라피, 컬러 푸드, 퍼스널 컬러 클래스 등 일상의 여러 분야에서 색이 이용되고 있다.

제품의 첫인상의 60%가 컬러에서 결정될 정도로 색은 마케팅에서도 매우 중요한 도구로 사용하고 있다. 기업은 색을 통하여 상품을 개성화 · 특성화시켜 소비자의 기호에 부합시킴으로써 브랜드의 이미지를 확립시킨다. 이러한 '이미지 구축' 의 활동은 현대인에게도 매우 중요한 분야이기 때문에, 우리는 개인의 피부톤, 머리카락색 등에 어울리는 나만의 색(personal color)을 이용한 패션, 메이크업 등을 통하여 매력적인 이미지를 창출할 수 있어야 한다. 특히 패션에 있어 색이란 타인의 심리에 미치는 영향이 다른 요소에 비해 높으므로 색을 통해 긍정적인 인상을 연출할 수 있다면 성공적인 이미지메이킹으로 가는 지름길이 될 것이다.

"소비자들이 상품에 대해서 가지는 첫인상의 60% 정도는 컬러가 결정한다."

– 트렌드 분석가 캐시 라만쿠사(Kathy Lamancusa)

"복장에 있어서 색이란 타인 지각 시 심리에 미치는 영향력이 다른 요소에 비해 매우 크므로 얼굴과 복장색의 조화로운 배색은 착용자의 미적 표현을 돕는다는 점에서 필수적이다."

– 색채학자 도리스 푸저(Doris Pooser)

1) 컬러의 기본요소

(1) 색의 개념

색(色)은 빛과 눈의 망막에 의해 지각되는 물리적인 현상으로, 빛을 흡수하고 반사함으로써 사물이 밝고 어둡게 보이거나 빨강, 파랑 등으로 보이는 지각현상을 말한다. 즉, 색이란 '빛의 반사' 에 의해 생겨나는 감각으로서, 색의 근원은 곧 빛이라고 할 수 있다. 예를 들어, 어떤 물체(object)가 녹색의 빛만 반사한다면 그 물체의 색은 녹색이 되는 것이다.

(2) 색의 3속성

색은 흰색, 회색, 검정색으로 이루어진 무채색(無彩色)과 그 이외의 모든 색을 지니고 있는 유채색(有彩色)으로 나눌 수 있다. 하나의 색은 색상, 명도, 채도의 세 가지 속성을 동시에 지니고 있으며, 이 3속성에 따라 같은 빨강이라도 여러 가지 색으로 표현할 수 있다.

① 색상(hue)

색상이란 색의 종류를 구별하기 위하여 붙여지는 명칭으로, 유채색이 가지고 있는 성질과 특성을 구별하기 위하여 빨강, 파랑, 초록, 보라 등으로 색명(色名)을 붙인다.

② 명도(value)

명도란 색의 밝고 어두운 정도를 일컫는다. 하나의 색에 흰색을 더하면 명도가 높아지고 검은색이 더해지면 명도가 낮아진다. 명도는 순수한 흰색을 10, 순수한 검정색을 0으로 하여 총 11단계로 구분하며, 밝기의 정도에 따라 고명도-중명도-저명도로 구분한다. 명도가 가장 높은 색은 노란색이다.

③ 채도(chroma)

채도는 색의 맑고 탁함, 색의 강약, 색의 선명도를 나타내는 성질로, 유채색이 지닌 깨끗한 정도를 의미하여 '순도'라고도 한다. 채도가 가장 높은 색을 순색(clear color), 채도가 가장 낮은 색을 탁색(dull color)이라고 한다. 즉, 채도가 높다는 것은 순색에 가깝다는 뜻이고, 다른 색이 혼합될수록 채도는 낮아진다.

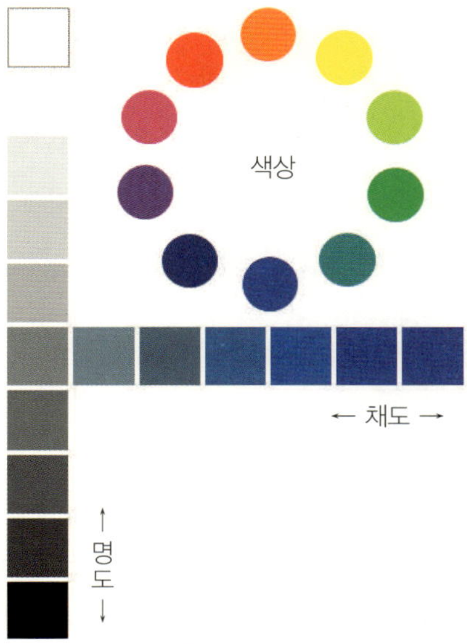

색의 3속성

2) 컬러 이미지

(1) 컬러의 분류

색은 단순한 시각적 이미지를 넘어 심리적 · 육체적으로도 영향을 끼치기 때문에 개인의 개성, 환경, 성장과정, 조건, 성격, 심리상태 등에 따라 어떠한 색에 대하여 서로 다른 감정을 느낄 수 있다. 또한 색을 개인의 심리적 상태를 겉으로 나타내는 표현방식으로 활용하기도 한다. 무의식적으로 색을 사용하는 것 같지만 그 내면에는 개인의 의식이 반영될 수 있다는 뜻이다.

인간은 자신이 겪은 경험이나 정보를 통하여 색을 연상하기 때문에 특정한 색에 대한 이미지가 모두 다르게 지각될 수 있다. 예를 들어, 빨간색을 보고 어떤 사람은 붉은색 피를 떠올리며 공포를 느낄 수도 있고, 또 다른 사람은 장미꽃을 연상시키면서 로맨틱한 감정을 느낄 수도 있다. 또한 개인이 소속된 사회의 문화적 배경이나 자연환경에서 볼 수 있는 색채에 따라 색에 대한 감정이 모두 다를 수 있다. 강한 햇빛을 느낄 수 있는 아프리카인들은 선명한 원색을 즐겨 사용한다. 추운 지방인 러시아에서는 불을 상징하는 빨간색에 '아름다운, 멋진' 이라는 의미를 부여하고, 중국에서는 행운과 기쁨을 가져다주는 색으로 여겨 매우 선호한다. 같은 흰색이라도 유태인들은 선호하고 중국과 일본에서는 죽음의 색으로 받아들인다. 이처럼 색에 대한 이미지는 고정된 것이 아니라 환경에 따라 모두 다르게 지각될 수 있는 것으로, 이미지메이킹에 있어서 상황에 맞게 적절하게 활용할 필요가 있다.

(2) 색 · 톤 · 배색에 따른 이미지

① 색의 분류

■ 빨간색(red)

긍정적 이미지:	정열, 사랑, 힘, 생동감, 섹시한, 강렬한, 적극적인
부정적 이미지:	분노, 위험, 경고, 긴급, 금지, 공격, 뜨거운, 거만한

태양, 불, 피, 장미, 립스틱, 신호등 등을 연상시키는 빨간색은 모든 색 중에서 가장 강하고 자극적인 색으로, 시선을 끄는 효과가 뛰어나면서도 의외로 다른 색들과 쉽게 조화를 이룬다. 이미지메이킹 시에는 주로 섹시하고 강한 인상을 주고자 할 때 사용된다. 포인트 컬러로 사용하면 생동감을 느낄 수 있다. 빨간색은 진출 · 팽창의 색으로, 면적을 커보이게 하므로 체격이 크거나 뚱뚱한 사람은

피하는 것이 좋다. 빨간색의 명도와 채도를 낮추거나 색이 사용되는 면적을 작게 하면 덜 부담스러울 수 있다.

■ 주황색(orange)

긍정적 이미지:	젊음, 활력, 즐거운, 친근한, 따스한
부정적 이미지:	천박한, 허풍이 심한, 품위 없는

주황색은 비타민, 오렌지, 살구, 귤, 당근과 같은 과일 · 야채, 봄이나 가을에서 느껴지는 풍요로움, 친밀함과 사교적인 느낌을 자아내는 색상이다. 빨강, 노랑과 더불어 에너지를 나타내는 색으로, 따뜻하면서도 발랄한 이미지를 동시에 갖고 있다. 식욕을 돋우기도 하여 레스토랑의 조명색으로 적합하며, 주방용품에도 많이 사용되는 색이다. 명도가 높은 색이기 때문에 젊고 쾌활한 이미지를 연출할 때 좋지만, 지나치게 사용하면 불안감을 조성할 수 있으므로 색의 면적에 유의하여야 한다. 신선하고 역동적인 이미지로 인해 스포츠웨어에 자주 사용된다.

■ 노란색(yellow)

긍정적 이미지:	귀여운, 발랄한, 화사한, 부유한, 영광, 희망
부정적 이미지:	유치한, 인색한, 시기, 질투, 배반, 이기적인

개나리, 병아리 등을 연상시키는 노란색은 귀여운 어린이들을 상징하는 색으

로 밝고 명랑한 분위기를 느낄 수 있어 아동복에 많이 쓰인다. 노란색은 모든 색 중에서 채도와 명도가 가장 높아 명시성이 필요한 교통표지판이나 도로, 우비 등 안전에 관련해서 사용되기도 한다. 빛이 나는 노란색은 황금을 연상시키면서 부와 명예를 연상시키기도 하여 과거 중국에서는 황제의 색으로 여겨졌다. 노란색은 빨간색과 마찬가지로 팽창되어 보이게 하는 성질이 있어 체격이 큰 사람들이 전체적인 컬러로 쓰기에는 위험부담이 있다. 채도와 명도를 낮춰 안정감을 준 노란색을 사용하는 것이 좋다. 밝은 노란색은 명랑하고 친숙하면서 개성 있고 자유로운 사람으로 보이게 해주며, 금과 같이 빛나는 노란색은 섹시하고 글래머러스하게 보이게 해준다.

■ 녹색(green)

긍정적 이미지: 자연, 생명, 휴식, 편안한, 안정된, 싱그러운, 조화로운
부정적 이미지: 단조로운, 지루한, 평범한

자연에서 쉽게 볼 수 있는 녹색은 편안하고 안정감을 느끼게 해준다. 여성적이지도 남성적이지도 않은 중성색으로, 성실하고 정직하며 기품이 느껴지는 색이다. 특히 녹색을 응시하면 눈의 피로가 풀려 안정과 휴식을 취할 수도 있다. 친근한 자연의 색이지만 지나치게 선명한 녹색은 의복의 색상으로 쓰기에는 다소 부담스러울 수 있다. 어두운 녹색은 중후하면서 보수적인 이미지, 밝은 녹색은 상쾌하고 캐주얼한 이미지를 연출하기에 좋다. 그렇다고 많은 면적의 녹색을

사용하면 노숙해 보일 수 있으므로 유의해야 한다. 녹색은 얼굴과 가까이 했을 때 외모가 돋보이는 효과를 주기 때문에 이미지에 맞게 선택해서 사용할 수 있다.

파란색(blue)

긍정적 이미지:	희망, 지성, 신뢰, 시원한, 이성적인, 청렴한, 사려 깊은
부정적 이미지:	냉정, 슬픔, 차가운, 소극적인, 우울한

바다, 물, 하늘, 해변 등을 연상시키는 파란색은 대표적인 한색(寒色)으로, 시원하면서도 차갑고 지적인 느낌 때문에 IT계열이나 맑은 정신과 이성을 필요로 하는 공장 · 현장의 작업복, 제복 등에 많이 사용되는 색상이다. 또한 신뢰와 믿음을 주는 색상으로 공기업이나 은행의 로고나 디자인에 즐겨 쓰인다. 특히 검정색이 섞인 짙은 파란색인 네이비(navy)는 깔끔하고 단정한 느낌으로 친절을 필요로 하는 유니폼이나 교복에 많이 사용된다.

파란색은 수축의 성질을 갖고 있어 날씬하게 보이고자 할 때 적절하게 사용하면 효과적이다. 선명한 파란색은 젊고 시원한 느낌을 주며, 특히 흰색과 배색하면 여름 이미지 연출에 적합하다. 어두운 파란색은 단정하면서도 도시적인 세련미를 표현하기에 좋다. 하지만 파란색은 지나치게 사용하면 우울하거나 냉혹한 느낌을 줄 수 있으니 유의해야 한다.

보라색(purple)

긍정적 이미지:	예술, 신비로운, 귀족적인, 우아한, 화려한, 고귀한, 엄숙한
부정적 이미지:	고독, 정서불안, 우울한, 퇴폐적인, 천박한, 촌스러운

보라색은 고귀하면서도 한편으로는 천박한, 상반된 이미지를 동시에 지닌 색상이다. 과거에 보라색은 구하기 힘든 염료였기 때문에 왕족, 귀족, 교황 등만 사용할 수 있었으며 이 때문에 지금까지도 귀족적이고 권위 있는 색상으로 여겨지고 있다. 보라색은 예술성을 상징하는 색상으로 신비로운 분위기 연출에 효과적이다. 고상하면서도 화려한 색이지만 잘못 사용하면 촌스러워질 수 있기 때문에 이미지메이킹을 할 때에 배색에 신경 써야 한다. 보라색은 흰색과 사용하면 화사하고 여성적인 분위기를, 검정색과 사용하면 우아하고 신비로운 매력을 연출할 수 있다.

분홍색(pink)

긍정적 이미지: 사랑, 행복, 소녀, 낭만적인, 귀여운, 달콤한, 부드러운, 섬세한
부정적 이미지: 촌스러운, 연약한, 유치한, 경박한, 희미한

여성스러움을 상징하는 분홍색은 로맨틱한 색상의 대표주자로, 대부분의 여성들이 선호하는 색이다. 최근에는 유니섹스 모드와 함께 남성층에서도 분홍색을 선호하기도 한다. 분홍색은 사랑스러운 분위기에 가장 효과적인 색이다. 레이스, 리본 등과 같은 장식과 함께 사용하면 귀엽고 소녀다운 이미지를 연출할 수 있다. 남성도 부분적인 악센트로 옅은 분홍색을 사용하면 다정하고 부드러운 느낌을 줄 수 있다. 흰색이 섞인 파스텔 톤의 분홍색은 청순하고 가녀린 느낌을, 선명하고 짙은 분홍색은 개성 있고 섹시한 강렬함을 연출해 준다.

흰색(white)

긍정적 이미지: 순결, 결백, 평화, 깨끗한, 순수한, 완벽한, 신성한
부정적 이미지: 병, 죽음, 겨울, 결벽증, 창백한, 단조로운, 희미한

눈, 신부, 웨딩드레스 등을 연상시키는 흰색은 모든 색상 중에 가장 밝은 색으로 청순함과 깨끗함을 대표한다. 빛을 상징하는 색으로 과거부터 현재까지 지속적으로 사랑받아 왔으며 유행을 초월하는 우아함을 지닌다. 흰색은 청순하고 순

결하며 깨끗한 이미지 연출에 효과적이기 때문에 웨딩드레스, 원피스, 셔츠 등에 자주 쓰인다. 흰색과 같은 무채색은 모든 색과 어울리며, 특히 흰색이 지닌 단순성과 완전성은 심플하고 모던한 디자인에 효과적이면서 절개선이나 구조가 독특한 의복을 한층 더 특이하게 보이게 해준다. 그러나 명도가 가장 밝기 때문에 너무 밝은 피부 톤은 창백하게 보일 수 있다.

■ 검정색(black)

긍정적 이미지: 힘, 권력, 품위, 카리스마, 세련된, 중후한, 단순한, 절제된
부정적 이미지: 공포, 절망, 불안, 반항, 어둠, 더러운, 음산한, 암울한

과거 죽음, 장례식과 같은 부정적인 의미에 사용되었던 검정색은 현대에 와서는 고급스럽고 세련된 색으로 받아들여진다. 모든 물감을 합하면 최종적으로 검정색이 되는 것처럼, 검정색은 여러 가지 이미지를 동시에 지닌 매력적이면서도

가장 화려한 색이다. 어떤 원단을 사용하느냐에 따라 에로틱하면서도 섹시한 느낌, 신비롭고 권위적인 느낌, 점잖으면서도 우아한 느낌, 카리스마 있고 반항적인 느낌 등을 가질 수 있다.

검정색은 현대 패션에 있어서 가장 중요한 색이기 때문에 이미지메이킹에 있어 자주 사용되며, 흰색과 같이 어떠한 색상과 배색해도 실패율이 적다. 도시적이고 모던한 이미지 연출에 효과적이며 반짝이는 원단이나 가죽 소재, 벨벳 등 원단에 따라 여러 가지 느낌 연출이 가능하다. 특히 체형을 수축되고 날씬하게 보이게 하므로 지나치게 마르거나 왜소한 사람은 주의하여 사용해야 한다.

■ 회색(gray)

긍정적 이미지:	중용, 조용한, 편안한, 중후한, 무난한, 지적인, 보수적인
부정적 이미지:	허무, 우울, 엄숙, 칙칙한, 지루한, 애매한, 쓸쓸한

흰색, 검정색과 함께 무채색 중 하나인 회색은 중립성을 지닌 색이다. 무채색이기 때문에 다른 어떠한 색상과도 잘 어울리며, 특히 다른 색상을 돋보이게 해주는 동조자의 역할을 한다. 강렬한 색상끼리 충돌하는 경우 회색을 사용하면 지나친 배색을 중화시켜 줄 수 있다. 부드럽고 편안한 느낌을 주므로 바탕색으로 사용하기에 좋다. 회색은 안정되고 세련된 느낌을 주기 때문에 비즈니스 슈트에 적합하다. 푸른빛을 띠는 회색은 권위와 힘을 느끼게 해주고, 따뜻한 느낌의 회색은 편안하고 고요한 느낌을 연출한다. 지적이고 노련한 이미지에도 어울

리지만, 지나치게 사용할 경우 지루하고 노숙한 사람으로 보일 수도 있다.

■ 갈색(brown)

긍정적 이미지: 안정, 풍요로운, 클래식한, 수수한, 점잖은, 성숙한, 부드러운
부정적 이미지: 그리움, 보수적인, 지루한, 촌스러운, 칙칙한, 무난한

낙엽, 나무, 흙, 커피 등 자연에서 쉽게 볼 수 있는 갈색은 풍요로운 가을과 연륜을 느끼게 해주는 안정적인 색이다. 특히 갈색이 가죽에 쓰이면 중후하고 고급스러운 클래식의 미를 느끼게 해준다. 갈색은 무채색과 함께 베이직 컬러로 자주 쓰인다. 특히 흰색이 섞인 밝은 갈색인 베이지(beige)는 온화하고 차분함을 주는 기본적인 패션 컬러로 아이템을 매치하는 데 있어 실패율이 적으며, 어두운 갈색은 고풍스럽고 점잖게 보이고자 할 때 사용하면 좋다. 갈색은 지적이면서 온화하고 자연스러운 이미지 연출에 적합한 내추럴 컬러이지만, 지나치게 사용하면 나이 들어 보이고 개성 없는 사람으로 비춰질 수 있다.

② 톤의 분류

컬러에 있어서 톤(tone, 색조)이란 명도 · 채도의 복합적인 개념으로 색이 가지고 있는 밝고 어두움, 강하고 약함, 진하고 흐림 정도를 나타내 준다. 톤은 유채색의 12개 그룹과, 무채색의 5개 그룹이 있다. 전체의 색에서 느낄 수 있는 기분이나 분위기를 나타낼 때 톤을 적절하게 배합하는 것이 중요하다. 각기 다른

톤(tone)의 분류

색상이어도 톤이 같으면 그 감정효과도 같으므로 여러 가지 색상을 균일한 톤으로 그룹 지으면 패션 이미지메이킹을 하는 데 있어서 수월할 수 있다.

■ 비비드 톤(vivid tone)

기본이 되는 톤으로 다른 색이 섞이지 않은 원색(原色)으로 이루어져 채도가 높다. 가장 선명하고 화려한 색조로 시선을 집중시키며, 생동감 · 활발함이 넘치고 대담하다. 자유분방하고 활동적인 스포츠웨어나 캐주얼웨어에 많이 쓰인다.

■ 브라이트 톤(bright tone)

비비드 톤에 흰색을 아주 조금 혼합한 색조로, 깨끗하고 밝은 느낌을 준다. 신선한 봄과 같은 즐겁고 유쾌한 색들로 이루어져 명랑한 느낌의 캐주얼웨어에 적합하다.

■ 스트롱 톤(strong tone)

비비드 톤과 같이 고채도로 이루어졌지만 채도가 한 단계 낮아 선명함이 조금 떨어진다. 비비드 톤에 중간 명도의 회색을 아주 약간 혼합한 색조로, 조금 더 진하고 강한 느낌이다. 리조트웨어, 레저용품과 같은 강렬한 연출에 효과적이다.

■ 페일 톤(pale tone)

파스텔 톤(pastel tone)이라고도 하며, 흰색에 약간의 색감을 더해 유채색 중 가장 밝고 옅은 색조이다. 'pale' 이라는 단어 그대로 창백한 느낌으로, 연약하면서 섬세한 색들로 이루어져 있다. 청순하고 감미로운 이미지의 여성복에 쓰여 로맨틱하게 연출해 준다.

■ 라이트 톤(light tone)

브라이트 톤보다 흰색이 더 많이 섞인 색조로, 산뜻하고 화사한 색들의 조합이다. 귀엽고 여성스러운 이미지 연출에 효과적이다.

■ 소프트 톤(soft tone)

비비드 톤에 밝은 회색을 혼합한 색조로, 밝고 부드럽지만 채도는 낮다. 따뜻하고 포근한 느낌으로 봄의 기운을 가장 많이 느낄 수 있어 온화한 여성복에 잘 어울린다.

■ 라이트 그레이시 톤(light grayish tone)

밝은 회색에 약간의 색이 혼합된 색조이다. 은은하게 흐릿하고 차분한 색조로, 우아하고 로맨틱한 여성복에 사용하면 세련되고 성숙한 이미지를 연출할 수 있다.

■ 그레이시 톤(grayish tone)

중간 명도의 회색에 색이 조금 섞인 색조이다. 회색의 느낌이 강해 주변색과 어렵지 않게 배색할 수 있다. 소박하고 검소한 느낌으로 빈티지 스타일에 잘 어울리며, 차분하면서도 고상한 원숙미를 느낄 수 있다.

■ 다크 그레이시 톤(dark grayish tone)

거의 검정색에 가까운 페이크 블랙(fake black)으로, 검정색에 아주 약간의 색감만 보이는 색조이다. 무거운 색들로 이루어져 딱딱하고 견고한 느낌으로, 중후한 이미지의 남성 정장에 많이 쓰이거나 겨울 시즌에 검정색을 대체하는 색상으로 쓰이기도 한다.

■ 딥 톤(deep tone)

비비드 톤에 짙은 회색이 아주 약간만 혼합된 색조로, 깊고 차분하면서도 진하고 강한 인상을 준다. 스트롱 톤과 비슷하지만 좀 더 고상한 느낌으로 약간은 화려한 느낌의 클래식한 스타일에 사용하면 어른스럽고 세련되게 연출된다.

■ 덜 톤(dull tone)

비비드 톤에 중간 명도의 회색을 섞어 색감이 어느 정도 있으면서도 강하게 드러나지 않아 편안하고 고상한 느낌을 자아낸다. 중간 명도에 중간 채도를 가지고 있어 흐릿하거나 둔하다는 의미로 덜(dull) 톤이라 한다. 자연에서 쉽게 볼 수 있는 어스 컬러(earth color)가 많으며, 안정적이고 고풍스러운 내추럴한 이미지를 연출하기에 적합하다.

■ 다크 톤(dark tone)

딥 톤보다 어둡고 무거운 색조로, 저명도의 짙은 색들은 전통과 품격을 지닌 클래식한 이미지에 잘 어울린다. 색상 간의 구별이 강하지 않아 여러 색을 배색해도 어색하지 않으며, 지나치게 화려하지 않고 과묵함을 느낄 수 있어 신사용품의 주조색으로 많이 쓰이는 격조 깊은 남성의 색조이다.

■ 모노 톤(mono tone)

흰색과 검정색, 그리고 3단계의 회색으로 이루어진 무채색의 색조들을 통틀어 모노 톤이라고 한다. 유행에 민감하지 않고 어떠한 색들과도 잘 어울리기 때문에 패션에 있어 가장 많이 사용되는 기본색들이다. 특히 모노 톤으로만 이루어진 스타일링은 심플하고 모던한 포멀 이미지 연출에 효과적이다.

③ 배색의 분류

배색이란 두 가지 이상의 색을 심미적인 목적으로 조화롭고 알맞게 섞는 것을 뜻한다. 패션 스타일링에 있어 적절한 배색은 외모를 더욱 돋보이게 하고 연출하고자 하는 이미지가 어색해지지 않게 만들어 준다.

■ 유사한 색을 이용한 배색

패션 아이템을 유사한 색끼리 배색하면 전체적으로 무난하고 차분하게 보여 실패율은 적지만 자칫 단조롭고 심심한 스타일링이 될 수 있으므로 패브릭이나 디테일에 변화를 주는 것이 좋다.

동일한 색상(one color)끼리의 배색, 즉 모든 아이템을 한 가지 색으로 통일하는 배색방법은 안정적이지만 다소 지루하게 느껴질 수 있다. 명도나 채도의 차이를 이용해 약간의 변화를 주면서 스타일링에 어렵지 않게 적용할 수 있다. 색상환 내에서 2~3칸 사이에 인접해 있는 색상끼리의 배색은 색상 간에 공통점이 있어 쉽게 조화를 이룬다. 예를 들어, 노란색과 녹색은 연두색이라는 공통된 중간색을 가지고 있고, 청록색과 청보라색은 청색을 공통으로 가지고 있기 때문에 서로가 어색하지 않게 어우러져 온화하고 부드러운 느낌을 준다. 하지만 강렬한 대비효과는 기대하기 어렵다.

톤 온 톤(tone on tone)은 배색은 톤의 차이가 크게 나는 색상끼리의 배색으로 명도와 채도로 변화를 주어 차분하고 은은한 이미지를 표현하는 데 적합하다. 특히 모노 톤을 톤 온 톤으로 배색하면 세련되고 도회적인 느낌을 줄 수 있다. 반대로 톤 인 톤(tone in tone) 배색은 동일하거나 유사한 톤끼리의 배색으로 명도와 채도의 느낌은 거의 일정하면서 색상으로 변화를 준 배색이다. 어떠한 톤을 선택하느냐에 따라 다양한 이미지로 변화를 줄 수 있다. 부드럽고 조화로운 배색이지만 평범하고 지루해 보일 수 있다. 색상, 명도, 채도를 점진적인 단계로 배열하는 그라데이션(gradation) 배색으로 스타일링을 하면 통일감 속에서도 리드미컬한 효과를 느낄 수 있어 색다른 이미지 연출에 도움이 된다.

인접색상 배색

톤 온 톤 배색

톤 인 톤 배색

그라데이션 배색

대조되는 색을 이용한 배색

색상환 내에서 서로 마주보고 있는 보색끼리 배색하거나 서로 온도감이 다른 대비색상끼리 배색하는 방법은 대담하고 강렬한 느낌을 준다. 특히 보색을 이용한 스타일링은 파격적이고 화려하게 보여 보는 이로 하여금 지나치게 자극적일 수 있으므로 색이 사용된 면적, 즉 주조색과 보조색을 적절하게 구분하여 강약을 조절하는 것이 좋다. 대비되는 성질의 색상 · 명도 · 채도를 조합시키는 콘트라스트(contrast) 배색 또한 명쾌하고 화려한 이미지를 연출하는 데 효과적이다.

보색 배색

콘트라스트 배색

중간색을 이용한 배색

서로 다른 색들이 충돌하여 그 대비가 지나치게 강조될 경우에 분리색(separation color)을 사용하여 배색하면 중재자 역할을 하면서 조화롭게 어우러질 수 있다. 특히 각각의 유채색들이 어색하게 배열될 때 중간에 무채색이나 중간색을 넣어주면 강렬한 배색의 분위기가 완화되면서 한편으로는 각 유채색들을 돋보이게 할 수 있다. 예를 들어, 노란색 상의와 파란색 하의 사이에 흰색의 벨트를 분리색으로 착용하면 상 · 하의의 색상도 돋보이면서 전체적으로 화사하고 시원한 이미지로 보일 수 있다.

세퍼레이션 배색

■ 강조색을 이용한 배색

스타일링이 단조롭고 지루할 때 적은 면적에 강조색(accent color)을 배색하면 그 부분에 시선이 집중되어 생기 넘치는 스타일링으로 연출할 수 있다. 검정색의 원피스와 하이힐, 핸드백 사이에 빨간색의 스카프를 착용하는 등, 액세서리나 장식 디테일에 강조색을 이용하면 손쉽게 스타일링할 수 있다.

악센트 배색

3) 퍼스널 컬러와 이미지메이킹

퍼스널 컬러(personal color)란 나를 돋보이게 하는 색을 의미한다. 내가 좋아하는 색이 반드시 나와 어울리는 것은 아니다. 우리는 종종 좋아하는 색(favorite color)과 어울리는 색(personal color)을 동일한 개념으로 받아들인다. 좋아하는 색은 출생 이후의 성장과정과 주위환경의 영향을 받은 성격 · 심리상태와 연관이 있으며 연령대에 따라 달라지기도 한다. 우리는 좋아하는 색이 나에게 어울리는 색이라고 착각하기 쉬운데, 사람에게는 선호도와 관계없이 저마다 가지고 있는 신체색상에 어울리는 '개개인의 컬러', 즉 퍼스널 컬러가 있다. 나에게 어울리는 색상은 혈색을 좋아보이게 하고 더 좋은 외모로 보이게 해준다. 어울리지 않는 색상은 나의 피부색을 더 칙칙하게 하거나 이목구비가 흐릿하게 보이게 할 수도 있다. 따라서 우리는 자신이 가지고 있는 신체색상과 조화를 이루어 생기가 돌고 활기차 보이도록 하여 좋은 인상을 주는 색, 즉 퍼스널 컬러를 이해하여 자신에게 어울리는 이미지로 연출할 수 있어야 한다.

퍼스널 컬러는 색이 주는 온도감에 따라 따뜻한 색과 차가운 색으로 나뉘고, 이는 다시 봄, 여름, 가을, 겨울의 사계절로 구분된다. 이러한 사계절 컬러이론과 신체색상을 기준으로 하여 패션 스타일링, 헤어 컬러링, 메이크업에 적용시키면 보다 효과적인 개인 이미지 연출이 가능하다.

(1) 퍼스널 컬러 자가진단

나의 퍼스널 컬러를 찾기 위해서는 다음의 프로세스를 따를 수 있다.

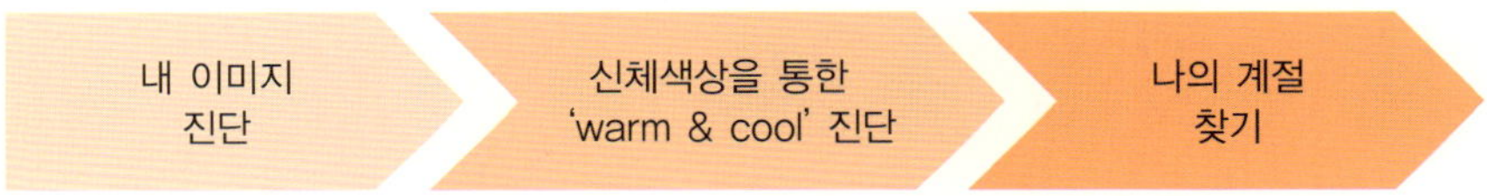

퍼스널 컬러 진단 프로세스

퍼스널 컬러의 진단을 위해서는 먼저 남들이 생각하는 나의 느낌이나 성격을 파악하여 '이미지'를 추상적으로 분류하도록 한다. 그 후 나의 신체색상이 따뜻한 느낌인지 차가운 느낌인지를 구분하는 것이 중요하다. 퍼스널 컬러를 결정하는 신체색상은 크게 피부색, 머리카락색, 눈동자색이 있는데 보다 정확한 진단을 위해서 뒷머리 두피색이나 손목 안쪽색을 분석하기도 한다. 신체색상의 'warm & cool'이 결정되면 색의 강약(딱딱하고 부드러움)을 분석하여 나의 계절유형을 찾을 수 있다.

신체색상을 진단할 때에는 되도록 메이크업을 하지 않은 상태에서 자연광 아래에서 하는 것이 좋으며, 얼굴색에 영향을 줄 수 있는 강렬한 색상보다는 흰색 상의를 착용하는 것이 좋다. 컬러 패브릭을 얼굴에 대보면서 얼굴색의 변화를 살펴보되, 보다 정확한 진단을 위해 3인 이상이 비교 · 분석하는 것이 좋다.

(2) 사계절 컬러이론

20세기 초 독일 바우하우스의 교수 요하네스 이텐(Johannes Itten)은 개인이 타고난 색상을 사계절로 구분하여 계절에 해당하는 각각의 색상을 분류하였다. 계절에 의한 색상 구분은 색의 온도감과 강약을 기준으로 한다.

① 따뜻한 색과 차가운 색

색은 저마다의 온도감을 지니고 있다. 1차적으로는 색상환에서 육안으로 구분할 수 있는 온도감으로, 빨강 · 주황 · 노랑과 같은 난색계열과 파랑 · 초록 · 보라와 같은 한색계열로 구분하는 것이 일반적이다. 하지만 같은 빨강이라도 따뜻한 빨강과 차가운 빨강이 있을 수 있다. 노란색을 약간 혼합하면 따뜻한 색이 되고 파란색을 혼합하면 차가운 색이 된다.

노란색을 베이스로 하는 따뜻한 분홍색과 파란색을 베이스로 하는 차가운 분홍색의 구분

사계절을 온도감으로 구분하면 따뜻한(warm) 색은 봄과 가을, 차가운(cool) 색은 여름과 겨울로 분류된다. 피부색, 머리카락색, 눈동자색 또한 따뜻한 색과 차가운 색으로 나눌 수 있다. 예를 들어, 피부가 노르스름하면 'warm'의 계열, 피부에 붉은 기가 있으면 'cool'의 계열로 보면 된다. 백옥같이 하얀 피부라도 좀 더 면밀히 관찰하면 아이보리나 베이지 빛이 도는 하얀색인지, 우윳빛이 도는 하얀색인지 구분할 수 있다. 피부색의 구분이 육안으로 어렵다면 금색과 은색의 패브릭을 이용하여 진단할 수 있다. 금색 패브릭을 얼굴에 대었을 때 이목구비가 또렷해지고 피부가 화사해 보인다면 따뜻한 계열, 은색 패브릭을 대었을 때 더 잘 어울린다면 차가운 계열로 보면 된다. 액세서리도 마찬가지로 따뜻한 계열의 피부에는 골드계열의 메탈을, 차가운 계열의 피부에는 실버계열의 메탈

피부색의 warm & cool

눈동자색, 머리카락색의 warm & cool

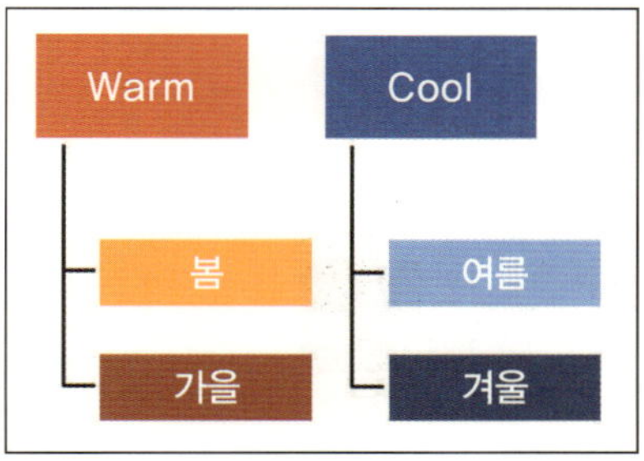

색의 온도에 따른 계절 구분

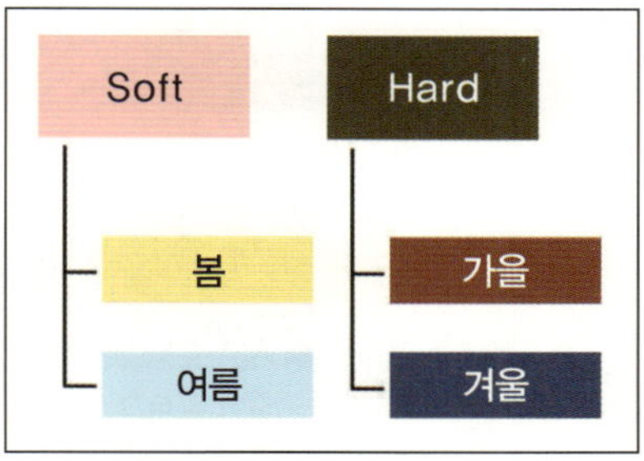

색의 강약에 따른 계절 구분

을 착용하는 것이 어울린다.

② 부드러운 색과 딱딱한 색

색의 강약, 즉 딱딱하고(hard) 부드러움(soft)은 톤을 기준으로 구분할 수 있다. 'hard' 한 색은 진하고 견고하며 강한 느낌을 주고, 'soft' 한 색은 상대적으로 밝고 부드럽고 희미하게 느껴진다. 사계절을 색의 강약으로 구분하면 부드러운(soft) 색은 봄과 여름, 딱딱한(hard) 색은 가을과 겨울로 분류된다.

soft hard

눈동자색, 머리카락색의 'soft & hard'

사계절 컬러이론에 따른 계절 구분

(3) 계절별 특징과 컬러 이미지

각 계절에 따른 특징은 전체적인 분위기와 이미지, 그리고 신체색상으로 분류할 수 있다. 나에게 맞는 계절을 진단하여 어울리는 색과 피해야 할 색을 구분하는 것이 중요하다.

① 봄(spring)

- 이미지: 어려 보이고 친밀한 느낌, 생기 있고 발랄한 느낌
- 피부색: 밝고 노르스름한 톤. 표면이 매끄럽고 투명한 아이보리 혹은 크림색
- 눈동자색: 노란 빛이 감도는 밝은 갈색
- 머리카락색: 윤기가 있고 노란 빛의 가느다란 밝은 갈색
- 스타일링: 봄에 어울리는 색상은 노란색을 베이스로 하는 원색이나 선명하고 경쾌한 비비드 톤과 브라이트 톤이 어울린다. 따뜻한 느낌의 핑크색이나 연두색 등 밝은 색으로 명랑한 이미지를 연출하면 좋다. 차가운 계열이나 무거운 색, 은색 등은 피하는 것이 좋다. 봄의 이미지를 지닌 사람이 진하고 강렬한 메이크업을 하면 어린 소녀가 여인의 흉내를 내는 것과 같이 어색할

수 있으므로 전체적으로 캐주얼하고 로맨틱한 이미지로 연출하는 것이 좋다.

② 여름(summer)

- **이미지:** 부드러우면서 여성스러운 느낌, 섬세하고 깔끔한 느낌
- **피부색:** 창백하게 보일 정도로 얇고 투명하며, 흰빛이나 푸른빛 혹은 약간의 붉은빛이 감도는 피부
- **눈동자색:** 회색빛이 감돌고 선명하지 않은 검정색 혹은 부드러운 갈색
- **머리카락색:** 윤기가 없고 약간의 회색이 섞인 듯한 검은색 혹은 갈색
- **스타일링:** 푸른색을 베이스로 하는 여름 타입은 깨끗하고 차가운 계열의 그레이시(grayish) 톤이 잘 어울린다. 부드럽고 옅은 색을 사용하는 것이 좋으므로 흰색이 섞인 페일 톤이나 한색의 브라이트 톤을 활용할 수 있다. 피해야 할 색상으로는 따뜻한 색이나 진하고 어두운 색 등으로, 오렌지색 계열의 메이크업이나 헤어컬러링, 금색의 액세서리는 피하는 것이 좋다. 특히 흰색이나 회색을 사용하면 우아하고 섬세한 여성미를 연출할 수 있다.

③ 가을(autumn)

- **이미지:** 성숙하고 차분한 느낌, 친절하고 신뢰감을 주는 느낌
- **피부색:** 노르스름하고 윤기가 없는 어두운 베이지색 혹은 구릿빛의 피부
- **눈동자색:** 깊고 어두운 황갈색
- **머리카락색:** 윤기가 없는 짙은 갈색 혹은 오렌지 빛이 감도는 적갈색
- **스타일링:** 가을에서 느낄 수 있는 따뜻하고 내추럴한 느낌은 베이지, 브라운, 카키, 올리브, 오렌지 등과 같은 자연의 색을 이용하여 연출할 수 있다. 가을 타입은 노란색을 베이스로 하면서도 봄 타입보다는 어둡고 차분하게 가라앉은 딥 톤, 그레이시 톤, 다크 그레이시 톤이 잘 어울린다. 부드럽고 따뜻하면서도 깊이감이 있는 색을 사용하면 성숙하고 우아한 분위기를 연출할 수 있다. 와인색이나 금색 등을 사용하면 섹시하고 깊은 이미지 연출도 가능하다. 가을 타입은 차갑거나 희미한 색, 혹은 강렬한 원색을 사용하

면 어색해진다.

④ 겨울(winter)

- **이미지**: 도시적이며 샤프한 느낌, 차갑고 존재감 있는 카리스마 느낌
- **피부색**: 차갑고 창백한 흰 피부, 푸른빛이 감도는 검은 피부(흑인)
- **눈동자색**: 짙은 회갈색 또는 뚜렷하고 선명한 검은색
- **머리카락색**: 푸른빛이 감도는 새까만 검은색(블루블랙), 은발
- **스타일링**: 겨울 타입은 카리스마가 있고 강해 보이는 인상을 가진 사람이 많다. 차갑고 강하고 선명한 색이 어울리며, 특히 블랙 앤드 화이트와 같이 대비가 큰 스타일링도 무난하게 소화한다. 파란색, 흰색, 검정색을 베이스로 하는 차갑고 선명한 색이 가장 잘 어울리며 특히 칠흑같이 새까만 검은색은 겨울 타입의 사람만이 소화할 수 있는 매력적인 색이다. 대비가 선명한 모노 톤이나 다크 톤을 활용해 모던하고 댄디한 이미지를 연출하거나 딱 딱하고 선명한 스트롱 톤을 활용해 다이내믹하고 강렬한 분위기를 자아낼 수도 있다. 차가운 금속 소재나 실버 액세서리가 잘 어울리며, 따뜻한 난색 계열이나 희미하고 탁한 색은 피하는 것이 좋다.

Tip 어울리지 않는 컬러이지만 너무나 입고 싶다면?

1. 어울리지 않는 색은 얼굴에서 먼 곳에 걸칠 것

상의에 사용하기보다는 스커트, 바지, 핸드백, 구두 등에 사용하는 것이 좋다. 꼭 상의로 입고자 할 때는 가능한 얼굴에서 떨어지는 네크라인 디자인으로 고르도록 한다.

2. 액세서리는 화려한 것으로 할 것

어울리지 않는 색을 입으면 전체적인 느낌이 어둡고 칙칙해진다. 자신의 피부톤에 맞는 골드나 실버 귀걸이, 목걸이, 브로치 등 반짝이는 액세서리를 착용하는 것이 좋다.

3. 색의 대비, 무게, 분량에 주의해서 사용할 것

색의 밸런스를 맞추는 것이 중요하다. 진한 색상이 어울리지 않는 봄이나 여름

타입은 무거운 색을 입을 경우에는 가벼운 색을 매치하도록 하고 무거운 색의 면적을 적게 한다. 가을과 겨울 타입처럼 가볍거나 흐린 색이 안 어울리는 사람은 연한 색의 면적을 적게 한 후 진한 색을 함께 매치하도록 한다.

4. 디자인과 소재로 보충할 것

어울리지 않는 색이라도 몸에 딱 맞는 실루엣이나 디자인 요소가 많이 들어간 옷은 여성을 아름다워 보이게 한다. 잘 어울리는 색이라고 해도 너무 유행에 벗어난 디자인은 고지식한 인상을 줄 수 있으므로 유의한다. 진하고 무거운 색을 입는다면 세련되고 심플한 디자인으로 선택하도록 한다.

5. 어울리는 색으로 메이크업을 할 것

유행 때문에 어울리지 않는 색을 입을 경우, 반드시 자신에게 어울리는 퍼스널 컬러를 이용하여 메이크업을 하는 것이 좋다. 입고 있는 옷 색깔에 맞춰서 메이크업을 하게 되면 머리부터 발끝까지 전체적으로 어울리지 않게 된다.

출처: 황정선, 일 잘하는 그녀의 컬러 스타일북, 황금부엉이, 2011.

3. 체형별 패션 스타일링

프랑스의 디자이너 가브리엘 코코 샤넬은 '패션은 비례의 문제이다' 라는 말을 남겼다. 비례란 면적이나 길이가 두 개 이상 존재할 때의 상호 간의 관계를 의미하는 것으로 크고 작음, 길고 짧음, 넓고 좁음과 같은 상대적인 개념을 동반한다. 패션 스타일링은 신체의 비례에 따른 의복의 적절한 비례에 달려 있다.

패션 디자인을 구성하는 요소인 '선(실루엣) · 색상 · 소재 · 장식' 을 이용하여 나의 체형이 가지고 있는 장점은 극대화시키고 단점은 최소화시켜 보다 조화로운 패션 스타일링으로 연출할 수 있는 감각을 기르는 것이 중요하다.

1) 신체비율에 따른 체형의 분류

체형에 따른 패션 스타일링은 선, 면, 색에 의한 착시(optical illusion)를 이용한 원리를 이해하면 쉽게 성공할 수 있다. 디자인요소에 해당하는 기본원칙을 기억하여 자신의 체형에 적용시키는 감각이 필요하다. 이는 헤어 스타일링이나 메이크업에서도 마찬가지로 적용된다.

디자인요소에 따른 체형별 스타일링 기본원칙

구분	내용
실루엣	• 수직선은 면을 세로로 분할하여 날씬하게 보이고, 시선의 방향이 위로 향해 키가 커 보이게 한다. • 수평선은 면을 가로로 분할하여 넓어 보이게 하고 시선을 확장시킨다.
색상	• 체형을 날씬하게 보여주는 축소색으로 한색계열, 어두운 색, 무거운 색을 이용한다. • 체형을 크게 만들어 주는 팽창색으로 난색계열, 밝은 색, 옅은 색, 화려한 색을 이용한다.
소재	• 반짝이거나 광택 있는 소재는 빛의 반사로 인해 체형을 크게 보이게 한다. • 두껍거나 빳빳한 소재는 체형을 볼륨 있게 만들어 준다. • 커다란 무늬는 체형이 확장되어 보이게 한다.
장식	• 장식이 클수록 체형이 확장되어 보인다.

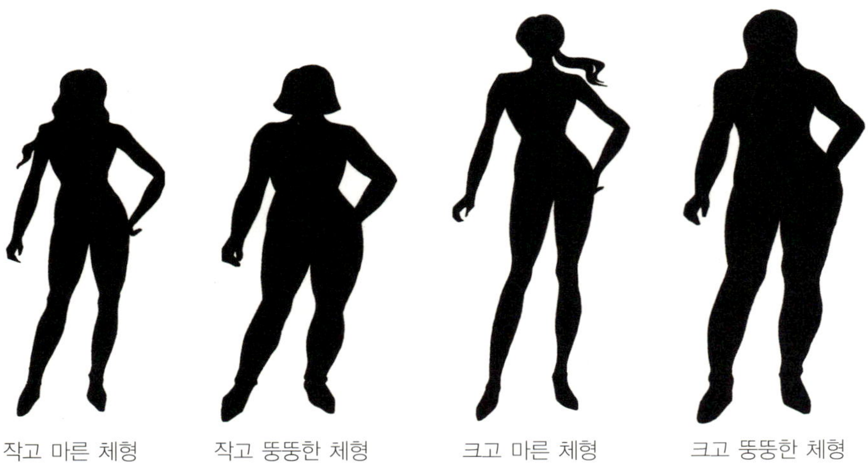

신체비율에 따른 체형의 분류

(1) 작고 마른 체형

키가 작은 사람은 상의와 하의의 색상을 통일하여 수직선의 효과를 내주는 것이 좋다. 마른 체형을 보완하기 위해 시선을 수평선 방향으로 확장시키되, 상의는 짧고 하의는 길게 하여 약 4 : 6의 비율로 배치하면 하이 웨이스트(high waist)가 되면서 시선이 위로 집중되어 키가 커 보이는 효과까지 얻을 수 있다. 지나치게 타이트한 실루엣은 빈약하고 왜소한 몸매가 강조되므로 풍성한 재킷이나 팬츠를 이용하여 여유로운 실루엣을 연출한다. 시선이 분산되도록 무늬 있는 옷을 착용하는 것도 좋은 방법이다. 신체를 축소시켜 주는 진하고 어두운 색은 피하고 파스텔 계통의 연한 색상을 이용하거나 화려한 색상으로 체형이 커보이게 하는 것이 좋다. 단추를 직선 느낌으로 배열하면 수직선의 효과로 키가 커 보일 수 있으나 자칫 너무 마르게 보여질 수 있으므로 주의한다.

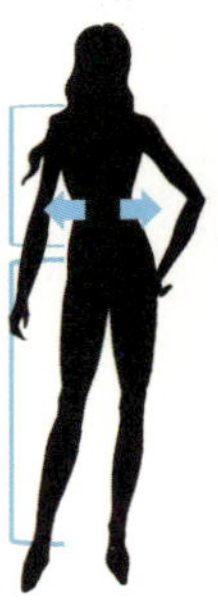

작고 마른 체형의 스타일링 포인트

2015 S/S
Dolce & Gabbana
http://www.style.co.kr

2014 F/W
Rag & Bone
http://www.style.co.kr

2014 F/W
Etro
http://www.style.co.kr

(2) 작고 뚱뚱한 체형

키가 작고 뚱뚱한 체형은 수직적인 착시현상을 이용하는 것이 중요하다. 시선을 위쪽으로 유도하고 면적을 세로로 분할하여 축소효과를 주는 것이 좋다. 상체와 하체가 분할되지 않도록 상 · 하의를 동일색상으로 통일하거나 원피스를 착용하는 것이 좋다. 색상을 다르게 쓰려면 상의는 옅은 색으로, 하의는 짙은 색으로 하여 무거운 색을 아래에 둠으로써 안정감을 느끼게 하도록 한다. 스타킹과 신발의 색은 통일하여 키가 커 보이게 하는 것이 좋다. 의복의 무늬가 크면 체형을 더 확장시켜 보이므로 차분한 색상의 자잘한 무늬를 선택하도록 한다. 가로 스트라이프 무늬는 수평선 방향으로 시선을 확장시켜 키도 작게 보이고 체형도 통통하게 만들므로 금물이다. 체형을 부풀어 보이게 하는 광택 있는 소재나 시선을 아래로 집중시키는 긴 상의도 피하는 것이 좋다.

작고 뚱뚱한 체형의 스타일링 포인트

2014 S/S
Ralph Lauren
http://www.style.co.kr

2015 F/W
Paul Smith
http://www.style.co.kr

2013 F/W
Giorgio Armani
http://www.style.co.kr

(3) 크고 마른 체형

키가 크고 마른 체형의 여성은 수평선의 효과를 적극 활용하는 것이 좋다. 시선을 가로 방향으로 확장시켜 체형에 볼륨을 살려주고, 면을 분할시켜 큰 키를 보완할 수 있다. 원피스보다는 투피스를 선택하되, 아래쪽으로 갈수록 넓게 퍼지는 A라인 스커트나 플레어스커트를 활용하면 키가 작아 보이는 효과와 함께 귀여운 느낌을 연출할 수 있다.

여유로운 실루엣을 연출하여 마른 체형을 감추도록 한다. 팽창색인 밝고 옅은 색이나 따뜻한 색을 활용하고, 니트처럼 두꺼운 소재나 가죽과 같은 뻣뻣한 소재를 이용하여 볼륨감을 주는 것도 좋은 방법이다. 포켓, 리본, 넓은 벨트와 같은 큰 디테일이나 액세서리는 체형을 커 보이게 해주고, 지나치게 가녀리게 보이거나 연약한 느낌이 싫다면 매니시 스타일로 연출하는 방법도 있다. 소매가 없거나 지나치게 짧은 하의는 가느다란 팔다리를 노출시켜 더욱 마른 체형으로 보이게 하므로 피하는 것이 좋다. 타이트한 실루엣이나 수직선 느낌의 옷차림도 피하도록 한다.

크고 마른 체형의 스타일링 포인트

2014 S/S
Calvin Klein Collection
http://www.style.co.kr

2014 S/S
Burberry Prorsum
http://www.style.co.kr

2012 S/S
Chalayan
http://www.style.co.kr

(4) 크고 뚱뚱한 체형

전체적으로 심플하고 절제된 디자인이 적합하다. 디자인이 복잡하거나 색상이나 장식이 화려할수록 체형이 커 보이므로 신체축소효과를 위해 블랙이나 브라운 등 어두운 색 계열을 사용하는 것이 좋다. 시선을 아래쪽으로 향하게 분산시켜 큰 키를 커버하는 것이 좋다. 허리선이 약간 들어간 롱재킷을 활용하면 힙을 커버하면서 시선도 아래로 향하게 할 수 있다. 발목으로 갈수록 좁아지는 팬츠를 입는 것도 같은 방법이다. 덩치가 있는 체형이므로 직선적인 느낌의 옷차림은 자칫 남성미로 보일 수도 있으므로 여성스러운 스타일로 부드럽게 연출해 주는 것도 좋다. 가슴이 크다면 상체의 액세서리는 피하도록 한다. 가로줄 스트라이프나 커다란 문양, 화려한 색상은 피한다.

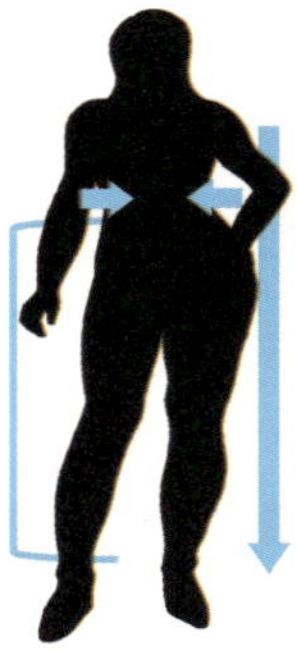

크고 뚱뚱한 체형의 스타일링 포인트

2015 S/S
Versace
http://www.style.co.kr

2014 S/S
Viktor & Rolf
http://www.style.co.kr

2014 S/S
Balmain
http://www.style.co.kr

2) 실루엣에 따른 체형의 분류

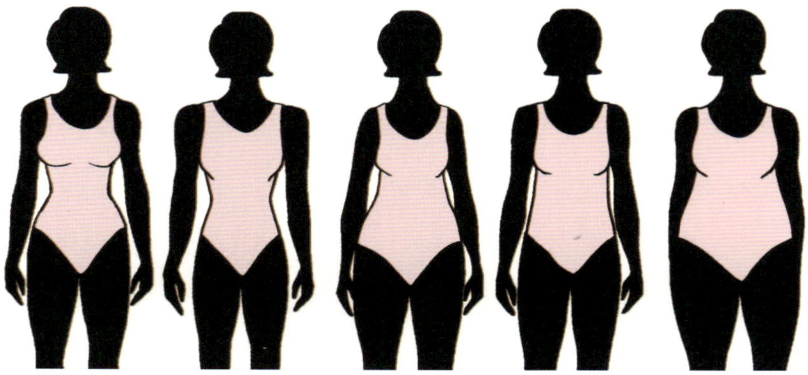

실루엣에 따른 체형의 분류

(1) 모래시계형

현대 여성의 가장 이상적인 체형으로 어깨와 엉덩이는 넓지만 허리가 잘록하게 들어가 콜라병처럼 보인다. 전체적으로 균형이 잡힌 몸매로 건강한 관능미를 느낄 수 있다. 신체의 비율만 좋다면 어떤 옷이든 잘 어울리며, 잘록한 허리나 몸매의 곡선을 강조해 주면 더욱 효과적이다.

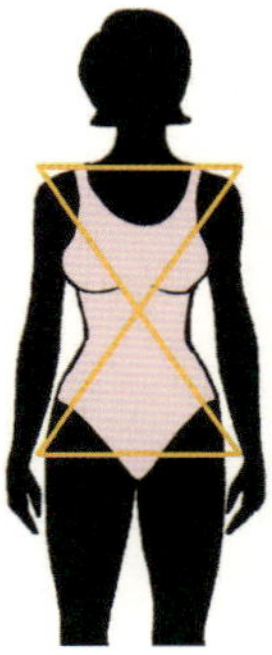

모래시계형 체형

2014 S/S
Michael Kors
http://www.style.co.kr

2014 S/S
Stella McCartney
http://www.style.co.kr

(2) 역삼각형

상반신이 크고 등이 넓은 반면 골반이 좁고 엉덩이가 작은 체형이다. 어깨의 건장한 느낌 탓에 활발하고 남성적인 이미지를 가진다. 넓은 어깨를 축소시키고 좁은 허리와 골반을 넓혀 주는 스타일링이 필요하다. 홀터 네크라인과 같은 어깨를 분할하는 디자인의 상의를 착용하면 좋고, 볼륨 있는 플레어스커트나 품이 넉넉한 바지로 빈약한 하체를 보완하도록 한다.

역삼각형 체형

2015 S/S
Versace
http://www.style.co.kr

2012 F/W
Calvin Klein Collection
http://www.style.co.kr

(3) 삼각형

좁은 어깨와 넓은 엉덩이가 흡사 서양배처럼 생겼다고 해서 'pear형' 이라고도 불린다. 역삼각형 체형과는 반대로 상반신이 작고 엉덩이는 풍만하고 둥글며 다리가 짧다. 한국 여성에 가장 많은 체형으로, 좁은 어깨를 보완하기 위해 어깨패드라든가 퍼프 소매의 상의를 착용하는 것이 좋다. 하이 웨이스트의 원피스는 시선을 위로 향하게 하여 넓은 엉덩이를 보완해 준다. 어깨가 좁아 보이게 하는 홀터 네크라인은 피하도록 한다.

삼각형 체형

2015 S/S
Blumarine
http://www.style.co.kr

2012 S/S
Giorgio Armani
http://www.style.co.kr

(4) 직사각형

어깨와 허리, 엉덩이의 넓이가 거의 같은 폭을 가지고 있는 일직선의 체형이다. 대체로 가슴이 작고 납작하며, 두드러지는 곡선이 없어 여성미가 부족하다. 가슴에 디테일을 주는 상의를 입고 엉덩이와 하체에 풍성한 볼륨을 주는 것이 좋다. 허리가 굵고 일직선이므로 지나치게 허리를 강조하려 하면 되려 역효과를 낼 수 있기 때문에 여유롭고 느슨한 실루엣을 이용하는 것이 좋다.

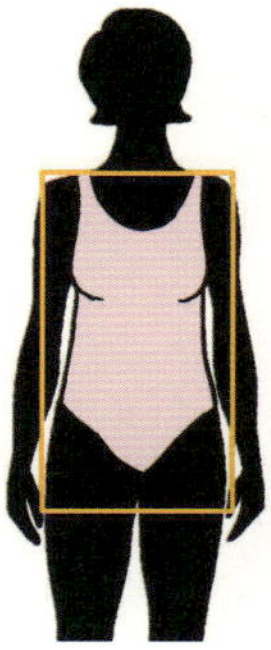

직사각형 체형

2015 S/S
Donna Karan
http://www.style.co.kr

2011 S/S
Valentino
http://www.style.co.kr

(5) 둥근형

둥과 팔이 크고 둥글며 신체의 대부분에 살이 많아 둔해 보이는 체형이다. 둥그런 사과를 연상시킨다고 해서 'apple형' 이라고도 한다. 가슴, 몸통, 허리, 복부, 엉덩이, 허벅지가 볼륨이 있어 전체적으로 진하고 어두운 수축색을 사용하는 것이 좋다. 너무 얇은 소재는 신체에 밀착되어 몸매를 드러내고, 너무 두꺼운 소재는 더욱 볼륨감 있게 연출되므로 소재 선택에 유의한다. 곡선을 이용한 장식, 액세서리, 디자인 등은 둥근 체형을 더욱 강조하므로 직선을 강조한 디자인

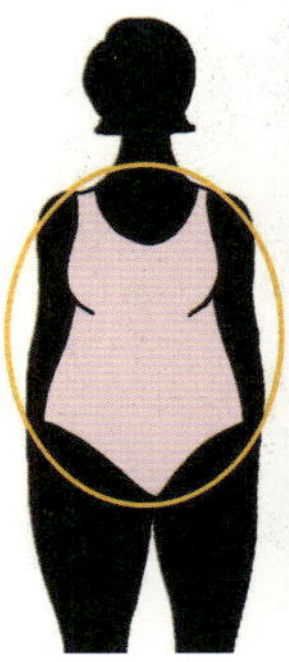

둥근형 체형

2014 S/S
Alexander Wang
http://www.style.co.kr

2013 F/W
Carolina Herrera
http://www.style.co.kr

2015 S/S
Michael Kors
http://www.style.co.kr

을 활용하는 것이 좋다. 시선이 더 이상 바깥으로 확장되지 않도록 심플한 스카프나 벨트를 이용하여 자연스럽게 시선을 중앙으로 집중시키는 것도 좋은 방법이다.

4. 아이템별 패션 스타일링

여성복의 패션 아이템의 종류는 매우 다양하고 세분화되어 있다. 그 중에서도 베이직(basic)한 패션 아이템들은 활용도가 높고 다른 어떤 패션 아이템과도 잘 어울려 옷장 안에 보관하고 있으면 여러모로 쓸모가 있다. 베이직 패션 아이템에 대하여 살펴보면 다음과 같다.

1) 상의류

■ 블랙 테일러드 재킷

격식을 갖춘 포멀웨어인 슈트의 재킷은 하의와 세트로 착용하지 않더라도 충분히 단품으로 활용이 가능하다. 특히 가장 기본적인 블랙 색상은 어떤 색의 청바지나 스커트, 팬츠와도 잘 어울리며 캐주얼웨어와 포멀웨어를 넘나들어 스타일링 활용도가 높다.

http://www.mytheresa.com

■ 블랙 혹은 캐멀 색상의 코트

자주 입는 겨울용 코트는 어떤 옷과도 어울리게 하려면 블랙 색상이 가장 무난하다. 캐멀 색상은 블랙보다 좀 더 분위기가 느껴지면서 고급스러운 느낌을 연출할 수 있으므로 하나쯤 소장하는 것도 좋다. 코트는 너무 길거나 짧으면 부담스럽고 유행에 뒤떨어질 수 있으므로 무릎길이 정도로 가지고 있는 것이 가장 무난하다.

http://www.matchesfashion.com

■ 베이지색 트렌치코트

트렌치코트는 봄과 가을만 되면 여성들에게 사랑받는 단골 아이템이다. 클래식한 멋스러움으로 고급스럽고 깊은 분위기가 느껴지는 이미지를 연출할 수 있다. 바람이나 황사에 대한 기능도 좋아서 활용도가 높다.

http://www.net-a-porter.com

■ 화이트 셔츠

가장 기본 색상인 화이트 셔츠는 어떤 아이템과 매치해도 어색하지 않는 기본 중의 기본 아이템으로 포멀웨어와 캐주얼웨어 모두에 잘 어울린다. 자신의 피부톤에 맞춰 'warm' 톤의 사람은 아이보리에 가까운 소프트한 화이트 색상을, 'cool' 톤의 사람은 새하얀 화이트 색상을 선별하여 착용하면 좋다.

http://www.pinkqueen.com

Personal Image Making

■ 블랙 터틀넥 풀오버

목을 덮는 터틀넥 스타일은 추운 날씨에 보온의 효과를 주면서도 몸매를 날씬하게 보이게 하고 세련되게 연출할 수 있다. 블랙 색상은 그 어떤 색과도 잘 어울리며, 머리로 뒤집어 입는 풀오버 형식은 활동하기에도 편하기 때문에 겨울철에 자주 착용하게 되는 아이템이다.

http://www.theoutnet.com

■ 베이지 또는 그레이 또는 블랙 카디건

카디건은 그 자체로도 멋이 있지만, 환절기에 스타일링이 애매할 때 적절하게 활용할 수 있다. 가장 무난하고 베이직한 컬러인 베이지, 그레이, 블랙 카디건 중 하나만 소장하고 있어도 다른 색상의 패션 아이템과 어렵지 않게 연출할 수 있다.

http://www.matchesfashion.com

2) 하의류

■ 무릎 길이의 풀 스커트

여성스러움을 한껏 연출해 주는 풀 스커트는 너무 길거나 짧으면 자주 입지 못하므로 무릎 길이가 가장 적당하다. 이왕이면 모노 톤의 기본색상으로 가지고 있으면 어떤 상의와 매치해도 실패율이 적다.

http://www.chicwish.com

■ 무릎 길이의 H라인 스커트

단정하고 심플한 H라인의 스커트는 포멀웨어나 면접 시에 유용하다. 화이트 셔츠, 블랙 테일러드 재킷과 함께 착용하면 한 벌의 슈트가 된다. 넓은 활용도를 위해 무릎 길이의 것을 고르되, 마찬가지로 베이직 컬러로 가지고 있는 것이 좋다.

http://www.whistles.com

■ 스트레이트 진

가장 기본이 되는 일자형 청바지는 다리를 가장 예뻐 보이게 하고 캐주얼웨어에 자주 착용할 수 있다. 자신의 다리 길이나 굵기, 각선미 등을 고려하여 가장 잘 어울리는 진으로 소장하고 있으면 좋다.

http://www.chicnova.com

■ 테일러드 팬츠

포멀웨어로 착용하는 정장 팬츠로, 블랙 테일러드 재킷과 함께 착용하면 슈트 한 벌로 연출할 수 있다. 통이 지나치게 넓지도 좁지도 않아야 유행을 타지 않고 무난하게 입을 수 있다.

http://www.houseoffraser.co.uk

■ 블랙 원피스

http://www.thehut.com

샤넬의 리틀 블랙 드레스(little black dress)는 너무나도 유명하다. 블랙 색상이기 때문에 어떤 색과도 어울릴 수 있으며, 여성스럽고 세련되게 연출할 수 있는 활용도 만점의 아이템이다. 재킷 하나만 걸치면 바로 포멀웨어가 되고, 카디건과 함께 귀여운 이미지로 연출할 수도 있다. 화려한 액세서리를 활용하여 파티와 같은 행사에 착용하는 것도 가능하다. 무릎 정도 길이의 원피스라면 어느 것이라도 상관없지만, 이왕이면 심플한 디자인일수록 유행과 상관없이 오래도록 착용할 수 있다.

3) 소품류

■ 블랙 가죽 빅 숄더백

https://www.ssense.com

큼직한 사이즈의 숄더백은 학교 갈 때 책을 넣기에도 좋고 쇼핑할 때도 유용하다. 큰 사이즈에 여러 가지 물건들을 부담 없이 보관할 수 있고 역시 블랙 색상이기에 어떤 옷과도 잘 어울린다. 가죽 소재는 포멀웨어나 캐주얼웨어에 관계없이 어울리기 때문에 심플한 디자인으로 소장하고 있으면 좋은 아이템이다.

■ 베이지 또는 블랙 펌프스

앞뒤가 막힌 펌프스는 기본색상인 블랙과 베이지 색상을 가지고 있으면 사계절 내내 유용하게 신을 수 있다. 특히 다리가 길고 날씬해 보이는 효과를 내기 위해서는 블랙 스타킹에 블랙 펌프스를, 스타킹을 신지 않은 맨다리나 베이지색 스타킹에는 베이지 펌프스를 매치하면 다리와 구두가 연장선처럼 보여 길고 날씬하게 연출할 수 있다.

http://www.savannahs.com

http://www.neimanmarcus.com

■ 블랙 롱부츠

겨울이 되면 누구나 찾게 되는 블랙 롱부츠는 보온의 효과도 있지만 착용자로 하여금 세련되고 도회적으로 보이게 해 많은 사랑을 받는 패션 아이템이다. 스커트나 팬츠에 상관없이 두루 어울리기 때문에 활용도가 높다.

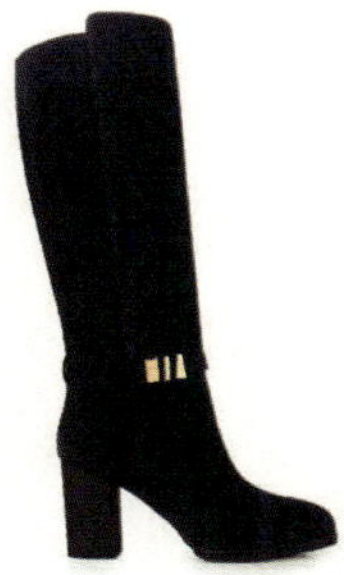

http://www.matchesfashion.com

Tip 올바른 패션 쇼핑방법

1. 비싼 옷보다는 나에게 어울리는 옷을 선택한다.
2. 나에게 맞는 치수를 입는다.
3. 원래 가지고 있는 나의 옷과 어울리는 것으로 구매한다.
4. 판매원의 칭찬과 판단에 휘둘리지 않는다.
5. 나의 연령대에 걸맞은 옷을 고른다.
6. 나의 체형에서 아쉬운 부분을 보완할 수 있는 디자인을 고른다.
7. 매 시즌 옷을 구매하기보다는 액세서리로 포인트를 주어 변신을 꾀한다.

5. 이미지별 패션 스타일링

패션에 있어 룩(look)이란 의상이 지닌 전체적인 이미지를 표현하는 말로, 이는 의상이 지닌 디테일한 감각과 특징을 함축적으로 표현하는 개념이다. 스타일링에 있어 룩을 이해하는 것은 매우 중요하다. 룩은 종류가 너무나 많고 다양하기 때문에 룩이 가지고 있는 감성 이미지를 테마(theme)로 분류하여 알아보기로 한다.

1) 엘레강스(elegance) 이미지

엘레강스는 품위 있고 우아하며 고상한 여인을 느낄 수 있는 감성이다. 절제된 장식과 흐르는 듯한 곡선으로 중후하면서도 고풍스러운 이미지를 연출한다. 대부분의 장식이 배제된 심플하면서도 흐르는 듯한 디자인에 모노 톤이나 약간의 회색이 섞인 파스텔 톤이 주를 이루고, 액세서리로는 챙이 넓은 모자나 토트백, 진주 목걸이, 스카프 등을 이용하여 연출한다.

2015 S/S
Ralph Lauren
http://www.style.co.kr

2014 S/S
Zac Posen
http://www.style.co.kr

2) 로맨틱(romantic) 이미지

'낭만적인, 몽환적인' 이라는 의미를 갖고 있으며 여인보다는 소녀의 감성을 느낄 수 있다. 프릴, 레이스, 자수, 리본 등 장식성이 뛰어나며 디자인에 디테일이 많이 들어가기 때문에 기능성이나 실용성보다는 화려함을 추구하는 감성이다. 주로 핑크나 화이트 컬러를 활용하여 여성스러우면서도 귀여운 소녀의 느낌을 연출한다.

2011 S/S
Valentino
http://www.style.co.kr

2011 S/S
Valentino
http://www.style.co.kr

3) 매니시(mannish) 이미지

'남성의, 남성의 것인' 이라는 뜻이지만 남성복 그 자체를 의미하는 것이 아닌, '여성복의 남성복화' 를 의미한다. 이는 여성의 사회진출과 함께 남녀평등의 반영으로 등장하게 된 트랜스섹슈얼(trans-sexual) 문화의 영향으로 남성적 요소를 여성복에 응용하기 시작하면서 나타난 테마 감성이다. 신사복의 중후하고 클래식한 감성이 커리어우먼 여성복에 표현되고, 주로 어둡고 차분한 색상을 사용한다.

2015 F/W
Paul Smith
http://www.style.co.kr

2012 F/W
Giorgio Armani
http://www.style.co.kr

2015 F/W
Ralph Lauren
http://www.style.co.kr

4) 클래식(classic) 이미지

클래식은 시대를 초월하여 지속적으로 채택되는 스타일을 의미한다. 고전적인 품위와 함께 전통적이고 보수적인 이미지를 연출한다. 유행의 흐름에 따라 변하지 않고 오랫동안 지속될 수 있는 패션 스타일링에 적합하다. 그러므로 베이직하면서 안정감 있는 고급스러운 분위기를 표현할 수 있다. 그러나 자칫 나이들어 보일 수 있기 때문에 젊은 층은 유의하여 연출해야 한다.

2015 F/W
Mulberry
http://www.style.co.kr

2015 F/W
Paul Smith
http://www.style.co.kr

2015 F/W
Michael Kors
http://www.style.co.kr

5) 모던(modern) 이미지

클래식에 반대되는 개념으로 언제나 새로운 것을 추구하는, 미래지향적 경향의 진보적 스타일을 의미한다. 도회적이고 현대적인 느낌으로, 문명화된 사회의 도시적인 세련미를 표현하기 위해 주로 모노 톤과 실버 색상을 사용한다. 매끈하고 광택감 있는 소재를 사용하여 차가운 금속의 이미지를 표현하기도 하고, 부드러운 곡선보다는 직선적이거나 기하학적인 옵티컬(optical) 문양이 어울린다.

2012 F/W
Calvin Klein Collection
http://www.style.co.kr

2014 S/S
Ralph Lauren
http://www.style.co.kr

6) 아방가르드(avant-garde) 이미지

프랑스어로 '전위적인' 이라는 뜻의 아방가르드 이미지는 고정관념을 무시한 실험적 디자인을 의미한다. 기존의 복식규범을 깨뜨리는 해체주의적 경향이 강하고, 대중적이지 않은 독창적이고 기발한 디자인으로 기능성이나 실용성을 배제한 전위적인 작품성 위주의 스타일이 많다.

2010 F/W
John Galliano
http://www.style.co.kr

2012 F/W
Alexander McQueen
http://www.style.co.kr

7) 소피스티케이티드(sophisticated) 이미지

사전적인 의미는 '세련된, 교양 있는, 지적인'이라는 뜻으로, 엘리트적인 성향의 패션 스타일을 가리킨다. 도시적인 세련미와 성숙미를 가진 전문직 종사자들 혹은 상류층의 패션으로서 지성미를 느낄 수 있으며, 패션 수용에 적극적이면서도 개성 있는 연출과 모던함을 표현하며 패션 리더로서의 자부심을 연출하기에 적합하다.

2015 S/S
Ralph Lauren
http://www.style.co.kr

2015 F/W
Jason Wu
http://www.style.co.kr

8) 에스닉(ethnic) 이미지

세계 여러 나라의 고유의상을 모티브로 한 스타일로 토속적이면서도 화려한 디자인이 특징이다. 각 민속의상의 패턴과 색상을 현대패션에 응용하거나, 전통 염색방법이나 직물, 자수 등에서 영감을 받은 디자인이 주를 이룬다. 강하고 화려한 배색이나 민속문양으로 이국적인 아름다움을 느끼게 하는 테마 감성이다.

2015 F/W
Etro
http://www.style.co.kr

2015 S/S
Etro
http://www.style.co.kr

9) 스포티브(sportive) 이미지

스포츠 유니폼의 디자인을 응용한 캐주얼한 스타일로 스포츠웨어의 기능성과 활동성을 도입한 패션 이미지를 뜻한다. 활동성과 기능성, 인체의 쾌적성과 건강을 고려한 소재를 사용하기도 한다. 최근에는 스포티브와 스트리트 캐주얼이 접목되면서 스트리트 스포츠 캐주얼 혹은 캐포츠웨어라는 새로운 형태의 캐주얼웨어가 등장하고 있다.

2012 S/S
Isabel Marant
http://www.style.co.kr

2012 S/S
Alexander Wang
http://www.style.co.kr

2014 F/W
DKNY
http://www.style.co.kr

10) 컨트리(country) 이미지

전원이나 교외에서 어울리게 입을 수 있는 소박하고 편안한 패션 스타일로, 자연친화적이고 서민적이면서 꾸밈이 없는 대중을 위한 테마 감성이다. 나무나 목재에서 연상할 수 있는 브라운이나 그린 등이 주요 컬러로 사용되고, 꽃 문양이나 체크 문양 등을 응용한다.

2014 F/W
Zimmermann
http://www.style.co.kr

2015 F/W
I'm Isola Marras
http://www.style.co.kr

11) 내추럴(natural) 이미지

말 그대로 자연스러움을 추구하는 스타일로, 가공적이거나 인공적이지 않은 패션을 추구한다. 심플하고 편안한 실루엣에 강렬하지 않은 은은한 색상이 주를 이루고 문양을 거의 사용하지 않아 시각적으로 편안하면서도 단조로움을 느끼게 한다.

2015 F/W Blumarine http://www.style.co.kr	2014 F/W Michael Kors http://www.style.co.kr	2014 F/W Marc Jacobs http://www.style.co.kr

6. 상황별 패션 스타일링

이미지메이킹 및 패션 스타일링은 무엇보다도 자신의 라이프 스타일 범위 내에서 이루어져야 한다. 아무리 세련되고 멋진 옷이라도 시간과 장소, 상황에 맞지 않는다면 결코 좋은 이미지를 연출할 수가 없다. 패션에 대한 감각을 키우되, 자신의 개성을 살리면서 TPO(Time, Place, Occasion)에 적합한 스타일링을 하는 것이 성공적인 이미지메이킹의 방법이다.

1) 입사 면접

면접에서는 단시간에 자신의 인상을 긍정적으로 기억시켜야 하므로 깔끔하고 단정한 스타일링이 필수적이다. 성실하고 밝은 인상을 심어 주는 것이 중요하며, 원피스보다는 무릎 길이의 심플한 투피스가 좀 더 차분한 이미지를 심어 줄 수 있다. 심플한 재킷 안에 셔츠를 받쳐 입는 것이 가장 깔끔하고 무난하다. 색상은 화려하지 않도록 검정색, 회색, 네이비색 계열을 착용하는 것이 좋고, 마른 체형의 여성은 아이보리나 베이지계열로 몸매가 팽창되어 보이는 착시효과를 이용하도록 한다. 여름이라도 짧은 소매의 정장은 피하도록 한다. 스타킹을 신지 않는 맨다리는 예의에 어긋나며, 앞과 뒤가 막힌 구두를 신는다. 구두의 굽은 너무 높지도 낮지도 않은 5~7cm가 적당하다. 장신구는 크거나 화려한 것은 금한다. 트렌디하게 보이기 위해 최신 유행하는 스타일을 고수할 필요는 없다.

면접 스타일링이라고 해서 반드시 정답이 정해져 있는 것은 아니다. 일반 사무직이 아닌 전문직일 경우, 특히 디자이너와 같이 창의적인 업종에 지원할 경우 트렌디하게 보일 필요가 있으므로 너무 포멀한 스타일링보다는 활동적이고 세련된 옷차림을 선보이는 것이 좋다. 따라서 자신이 지원하고자 하는 직종의 스타일에 관한 정보를 필수적으로 조사한 후 면접에 임하도록 한다.

2) 결혼식과 장례식

결혼식이나 장례식, 입학식, 기념식 등 공식적인 자리에 참석할 때에는 격식과 품위를 갖추는 것이 중요하다. 결혼식 하객으로 참석할 때에는 신랑 · 신부의 앞날을 축복해 주는 뜻깊은 자리이므로 밝고 화사하게 연출하는 것이 좋다. 격식을 갖춘 큰 행사이므로 슈트나 원피스, 투피스 등의 정장을 착용하되 너무 딱딱해 보이지 않게 액세서리로 포인트를 주는 것이 좋다. 신부의 웨딩드레스와 같은 화이트 색상의 옷차림은 실례이므로 피하도록 하고, 너무 어둡고 무거운 상하의 블랙 세트 또한 지양하도록 한다. 트레이닝복과 같은 스포티한 옷차림도 금물이다. 학생의 경우에는 단정하게 교복을 착용하여도 무관하다.

장례식에 조문객으로 참석할 때에는 유가족의 슬픔을 헤아려 줄 수 있도록 장식이 없는 수수한 디자인에 심플하고 어두운 무채색 계통의 슈트나 투피스를 착용하는 것이 좋다. 특히 검은색은 오늘날 동서양의 장례식에 빠질 수 없는 색으로 조문객의 옷차림으로 가장 적합하며, 검은색 정장이 없을 경우에는 최대한 어두운 톤으로 단정하게 입는 것이 좋다. 하얀색도 수수하고 단정하지만 많은 면적에 쓰일 경우 밝고 환한 인상을 주게 되므로 문상 예의에 어긋난다. 엄숙한 자리인 만큼 노출이 심한 의상이나 반짝이는 소재, 짙은 화장, 화려한 액세서리, 네일 컬러, 짙은 향수 등은 하지 않는 것이 좋다. 또한 고인에게 절을 할 경우를 생각해 맨발은 피하도록 한다.

3) 레저 및 스포츠

현대인들의 취미가 다양해지면서 레저문화나 스포츠활동의 범위가 매우 다양해지고 있다. 활동성을 고려하여 착용감이 편안한 옷을 고르는 것이 중요하다. 특히 스포츠웨어는 기능성 소재를 사용하여 땀을 배출해 준다거나 보온의 효과, 뛰어난 신축성이나 내구성 등 특수한 목적을 가진 제품이 많으므로 레저나 스포츠활동에 적극 활용하도록 한다. 신체를 이용하여 역동적인 움직임을 필요로 하기 때문에 다이내믹하고 액티브한 이미지를 위해 밝고 선명한 비비드 톤 혹은 스트롱 톤의 컬러를 사용하는 것이 좋다. 면바지나 청바지, 후드 티셔츠, 면 티셔츠, 운동화, 모자 등으로 캐주얼한 감각을 연출한다. 운동 종목이나 여행지의 특성, 계절에 맞게 착용하는 것도 중요하지만 자신만의 개성을 잃지 않도록 한다.

4) 캠퍼스

젊고 활기찬 대학생답게 깔끔하면서도 개성 넘치게 연출한다. 고등학생 때와 달리 활동의 폭이 넓어져 캠퍼스 안 말고도 동아리, MT, 실습, 축제, 행사, 스포츠 등 다양한 활동이 있으므로 그날의 스케줄에 따라 TPO에 맞게 변신을 꾀하는 것이 좋다. 20대에 어울리지 않는 고가의 상표나 노출이 심한 의상, 지나치게 화려한 차림은 피하도록 한다. 자신의 체형과 이미지를 고려하여 자유분방하게 연출할 수 있는 이점이 있다.

03
CHAPTER

뷰티 이미지

제3장의 뷰티 이미지는 크게 헤어, 메이크업, 네일 및 향기 이미지로 구성되어 있으며, 각각 NCS능력단위에서 요구하는 부분을 최대한 반영하여 구성하였다.

첫째, 헤어 이미지는 능력단위 명칭 '두피모발관리(1201010112_14v2)' 중 두피모발의 건강 유지 및 두피모발 상태에 따른 제품사용법을, '헤어 스타일 연출(1201010111_14v2)' 중 모발 상태와 디자인에 따른 헤어제품 선택방법을, '고객 시술 서비스 상담(1201010103_14v2)' 중 고객의 얼굴형, 두상, 모발 길이, 모발색 등을 파악하여 고객에게 어울리는 헤어 디자인을 설계하는 방법을, '응용 헤어 컬러(1201010110_14v2)' 중 퍼스널 컬러에 대한 지식을 바탕으로 고객에 맞는 헤어 컬러 제안에 관한 내용을 중심으로 정리하였다.

둘째, 메이크업 이미지에서는 능력단위 명칭 '얼굴관리(1201010203_14v2)' 중 피부 구조와 피부 유형별 특징 및 피부 유형에 맞는 클렌징, 팩, 마사지방법을, '피부미용 화장품 사용(1201010209_14v2)' 중 기초와 색조 및 기능성 화장품의 종류와 역할을, '기본 메이크업(1201010303_14v2)' 중 피부 타입에 따른 제품 선택 및 얼굴형과 얼굴색을 고려한 피부 표현을, '메이크업 숍 안전위생관리(1201010301_14v2)' 중 메이크업 도구 사용 및 관리를, '메이크업 디자인 개발(1201010302_14v2)' 중 고객의 얼굴 형태, 피부 상태, 스타일, 목적(TPO), 트렌드 등을 고려한 메이크업 디자인에 관한 내용을 반영하였다.

셋째, 네일 이미지에서는 능력단위 명칭 '네일 기본관리(1201010403_14v2)' 중 네일 구조의 이해 및 네일 보호와 미적 욕구 충족을 위해 네일 모양 만들기, 큐티클 정리하기, 컬러링하기, 보습제 바르기 등의 능력을 반영해 정리하였다.

1. 헤어 이미지

헤어 스타일은 남녀노소를 불문하고 개개인의 성격이나 직업, 연령, 성향 등을 유추할 수 있는 시각적 정보를 제공해 주며, 첫인상을 결정하는 데 있어 중요한 요소 중 하나이다. 자신에게 어울리는 헤어 스타일을 위해서는 두상의 형태를 비롯해 얼굴 생김새, 신장, 체격, 피부 톤 등 전체적인 이미지를 고려해야 하며, 특히 커리어우먼의 경우 TPO에 따라 다양한 스타일로 연출할 수 있어야 한다.

1) 건강한 모발관리

새로운 헤어 스타일링을 시도하기에 앞서 모발의 상태는 결과물에 큰 영향을 미친다. 무엇보다 윤기 나고 탄력 있는 건강한 모발관리를 위해서는 균형 있는 식습관을 유지하고, 드라이나 아이론 등 과도한 열에 의한 손상과 탈색, 염색, 펌(perm)과 같은 화학약품에 의한 손상을 최소화할 필요가 있다. 이와 함께 건성, 지성, 손상 모발용 등 자신의 두피나 머리카락 상태에 맞는 전문헤어제품을 선택함으로써 일상생활에서 꾸준히 관리해 나갈 수 있도록 한다.

샴푸를 하기 전에는 1~2분 정도 브러싱을 하면 두피의 혈액순환과 피지분비에 도움을 줄 수 있으며, 샴푸를 할 때에도 손가락 끝부분으로 두피에 상처가 나지 않도록 원을 그리듯 마사지한다.

샴푸 이후에는 린스나 트리트먼트를 손상 부위나 머리끝에 마사지해 큐티클층을 보호하고 영양을 공급하도록 하는데, 손상모나 건성 모발인 경우 규칙적인 관리가 필요하다. 또한 샴푸 후에는 두피의 건강과 세균번식을 막기 위해 머리카락을 완전히 건조시킨 후 잠자리에 들도록 한다.

2) 헤어 스타일링 도구 및 헤어제품

(1) 헤어 스타일링 기구

① 드라이기(dryer)

드라이란 바람을 이용해 젖은 모발을 건조시키는 것으로 블로우 드라이(blow dry)라고도 하며, 열을 가함으로써 모발을 가지런히 펴거나 다양한 웨이브를 만들어 스타일을 연출하기도 한다. 단, 과도한 열에 의해 모발이 손상될 수 있으므로 열과 바람의 정도를 적당히 조절할 필요가 있다.

② 아이론(iron)

전열기로 열을 올려 금속의 아이론을 뜨겁게 달군 후 모발에 웨이브를 연출하는 기기로 모발의 상태에 따라 온도를 조절할 수 있으며, 모발을 곧게 펴주는 플랫(flat) 아이론과 다양한 웨이브를 만들 수 있는 컬링(curling) 아이론이 있다.

(2) 헤어 스타일링 제품

① 로션 및 에센스

건조하거나 손상된 모발의 경우 샴푸 후 헤어 로션이나 헤어 에센스, 세럼 등을 도포하여 수분과 영양을 공급해 주고, 정전기를 예방할 수 있다.

② 헤어 스프레이

스타일링이 마무리된 후 고정시키는 기능성 제품으로 사용 전 모발을 완전히 건조시키도록 하고, 모발로부터 10~20cm 거리에서 뿌려 준다.

③ 무스, 젤

잔머리를 깔끔하게 정리하거나 스타일을 고정하기 위한 제품들로 특히 젤은 가장 강한 고정력을 갖기 때문에 물을 적당히 섞어 사용하면 효과적이나 무게로 인해 흘러내릴 수 있으므로 소량을 사용해야 한다.

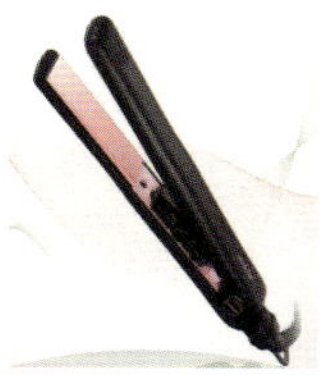				
유닉스 헤어스트레이터	바비리스 컬링 아이론	미샤 헤어 로션 엘라스틴 에센스	빅토리아 시크릿 헤어 스프레이	미장센 헤어 무스, 과일나라 헤어 글레이즈

3) 얼굴형에 따른 헤어 스타일링

(1) 장방형 얼굴

얼굴이 긴 형으로 주로 볼살이 없거나 턱 선이 뾰족해 나이 들어 보이거나 날카로워 보일 수 있다. 따라서 세로의 길이감을 줄여 주거나 가로로 약간 넓어 보일 수 있도록 하는데, 윗머리를 뱅(bang)처럼 내려 이마를 가리는 단발형 또는 귀 옆쪽 얼굴 측면에 풍성한 볼륨감을 만들어 주는 방법이 효과적이다.

(2) 둥근형 얼굴

세로와 가로의 비율 차이가 크지 않아 달걀형과 비교해 가로의 면적이 넓어 보이는 얼굴형으로 톱 부분에 볼륨을 넣어 턱 선이 갸름해 보이게 하거나, 앞머리를 사선으로 자연스럽게 내려트리는 스타일이 잘 어울린다. 긴 머리의 경우 가운데 가르마를 타서 얼굴 양쪽을 자연스럽게 가리는 등 세로선을 살려 주면 효과적이다.

(3) 역삼각형 얼굴

이마가 넓고 턱이 뾰족해 보이는 스타일로 대부분의 스타일이 잘 어울리지만, 넓은 이마는 앞머리를 내려 살짝 가려주고, 턱 부분에 가깝게 있는 옆머리는 볼륨을 살려 약간 풍성하게 연출함으로써 예민해 보이지 않도록 부드러운 이미지를 더해 준다.

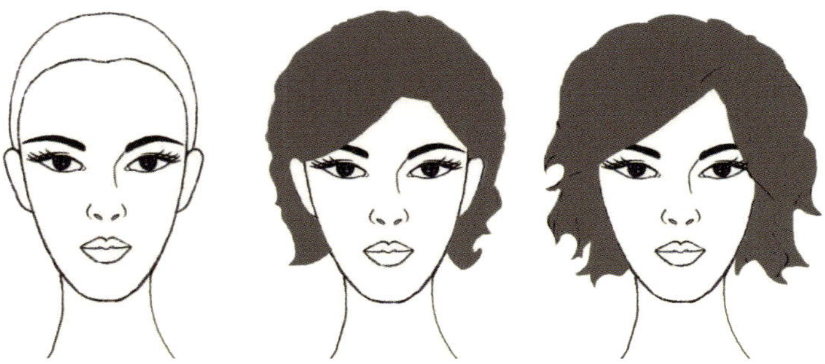

(4) 사각형 얼굴

다른 얼굴형에 비해 턱이 넓어 남성적인 강한 인상을 주기 때문에 직선의 딱딱한 이미지보다는 웨이브를 살짝 살리거나 머리끝을 가볍게 만들어 턱 선을 자연스럽게 감싸는 스타일로 연출하면 효과적이다. 만약 얼굴이 작은 편이라면 톱 부분에 볼륨감을 살려 갸름해 보이도록 유도하는 것도 좋은 방법이며, 머리끝이 턱 선에 위치하는 단발은 각진 턱을 더 부각시키므로 삼가도록 한다.

(5) 마름모형 얼굴

광대뼈가 부각되고 턱 선이 뾰족해 이미지가 강해 보이는 스타일로 특히 얼굴이 마른 형의 경우 예민하거나 차가운 인상을 주므로 곡선을 살려 부드러운 느낌을 더해 준다. 즉, 옆머리로 자연스럽게 광대 부위를 가리거나 이마 옆쪽이나 턱 끝선에 볼륨감을 살려 단점을 커버한다.

4) 체형에 따른 헤어 스타일링

(1) 작고 마른 체형

키가 작고 마른 체형의 경우 긴 생머리는 더 작고 빈약한 느낌을 주게 되므로 쇼트 커트나 단발과 같은 짧은 머리에 볼륨감을 살린 스타일이 신체의 단점을 어느 정도 커버해 줄 수 있다.

(2) 작고 뚱뚱한 체형

키가 작고 뚱뚱한 체형의 경우 목선이 가려 더 작아 보이지 않도록 긴 머리보다는 짧은 스타일이 효과적이며, 펌이나 웨이브로 볼륨을 살리기보다 슬림하고 깔끔하게 연출하는 것이 좋다.

(3) 크고 마른 체형

키가 크고 마른 체형의 경우 일반적으로 대부분의 스타일이 잘 어울리지만, 지나치게 말라 보이는 체형일 경우 긴 생머리보다는 약간 웨이브를 가미한 스타일이 보기에 좋으며, 짧은 커트의 경우 키가 더 커 보일 수도 있다.

(4) 크고 뚱뚱한 체형

키가 크고 뚱뚱한 체형의 경우 목이 짧고 굵어 보이기 때문에 긴 머리는 답답해 보일 수 있으므로 이보다는 볼륨감 없이 짧은 스타일이 효과적이다.

			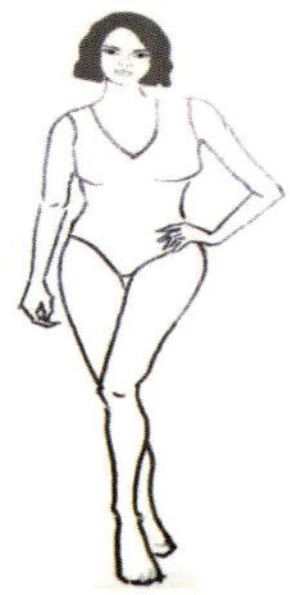
작고 마른 체형	작고 뚱뚱한 체형	크고 마른 체형	크고 뚱뚱한 체형

5) 피부 톤에 따른 헤어 컬러링

우리가 일반적으로 피부 톤을 이야기할 때 흰 피부, 검은 피부로 구분하지만, 좀 더 세밀하게 살펴보면 창백한 피부, 노르스름한 피부, 붉은 기가 있는 피부, 푸르스름한 피부 등 크게 따뜻한 기운이 느껴지는 피부 톤과 차가운 기운이 느껴지는 피부 톤으로 나눌 수 있다.

이를 4계절과 관련지어 봄, 가을은 웜 톤(warm tone), 여름, 겨울은 쿨 톤(cool tone)이라 하는데, 계절의 변화에서 느끼는 온도감과는 차이가 있다.

웜 톤의 피부는 전체적으로 노르스름한 기운이 깔려 있는 피부 톤으로 이를 다시 밝은 톤과 어두운 톤으로 구분해 각각 봄, 가을과 관련지을 수 있다. 특히 봄과 가을 피부는 중간에서 어두운 브라운계열이 잘 어울리는 편이지만, 봄의 피부 톤일 경우는 옐로, 오렌지색을 가미해도 좋다.

쿨 톤의 피부는 희지만, 전체적으로 붉거나 푸르스름한 기운이 깔려 있는 피부 톤으로 이를 다시 밝은 톤과 어두운 톤으로 구분해 각각 여름, 겨울과 연관지을 수 있다. 헤어 색상으로는 회색빛, 보랏빛, 블루빛이 가미된 실버 그레이, 회갈색, 흑갈색 등을 들 수 있는데, 여름의 경우 블루, 그레이계열이 잘 맞으며, 겨울은 흑발이 가장 잘 어울린다고 한다.

밝은 피부의 경우 대부분의 색상이 어울리는 편이나, 지나치게 창백하거나 붉

톤	warm tone		cool tone	
명암	bright tone	dark tone	bright tone	dark tone
베이스 컬러	yellow base	brown base	white, blue base	black, blue base
피부색	밝고 노란 피부	까무잡잡한 피부	희고 붉은 기미의 피부	붉고 푸른 기미의 피부
머리색	• light brown • golden gray • yellow pearl • dark brown • warm gray	• brown black • golden black • dark brown • golden gray brown • warm gray	• medium brown • dark brown • silver gray • dark brown	• silver gray • medium brown • black brown
눈동자색	• light brown • medium brown • dark brown black	• dark brown • brown black	• gray brown • dark brown	• black dark brown • brown black
어울리는 색	• yellow, orange 계열	• orange, brown, gold bronze 계열	• pastel계열 • light blue, gray계열	• blue, wine, blue black, black, dark brown계열
어울리지 않는 색	• gray, wine, blue, black (무겁다)	• gray, wine, blue, black (무겁다) • light brown (떠 보임)	• black(무겁다) • yellow, gold (떠 보임)	• yellow(칙칙함)
계절색	봄	가을	여름	겨울

고 어두운 피부를 가졌을 경우, 자신의 피부색을 최대한 고려해 헤어컬러링을 하는 것이 효과적이다.

예를 들어, 창백한 얼굴을 가진 사람이 블루 블랙의 헤어 색상을 할 경우, 얼굴에 핏기가 없어 아파 보일 수 있으며, 붉고 어두운 얼굴을 가진 사람이 밝게 탈색된 머리를 할 경우 얼굴이 더 칙칙하고 지저분해 보일 수 있기 때문이다.

6) 이미지에 따른 헤어 스타일링

(1) 로맨틱(romantic) 이미지

사랑스럽고 여성스러운 소녀 이미지로 딱딱한 직선보다는 단발이나 긴 머리에 곡선의 느낌을 극대화시켜 귀여운 이미지를 더해 준다. 아이론이나 세팅을 이용해 모발에 컬(curl)을 넣어 웨이브를 살려 주고, 헤어 컬러 또한 어둡고 진한 색상보다는 약간 밝고 산뜻한 계열로 연출한다.

(2) 엘레강스(elegance) 이미지

성숙하고 우아한 여성의 이미지로 단정하지만 기품이 느껴질 수 있도록 곡선의 느낌을 적당히 가미해 준다. 굵은 웨이브로 볼륨감을 주거나 백 콤(back comb)으로 적당히 부풀린 업 스타일 또는 올 백(all back)을 한 후 단정하게 하나로 묶어 내린 시뇽 스타일 등이 적합하다. 헤어 컬러 또한 염색에 의한 대담한 색상보다는 브라운 또는 브론즈계열의 차분한 톤으로 하되 윤기 있는 모발의 질감을 살려 고급스러운 이미지를 더한다.

(3) 모던(modern) 이미지

지적인 커리어우먼의 이미지로 길게 늘어트린 머리나 웨이브가 가미된 여성스러운 스타일보다는 쇼트 커트나 보브 커트, 짧은 단발, 포니 테일 등 샤프하고 세련된 이미지가 대표적이다. 헤어 컬러 또한 밝은 색상보다는 블루 블랙이나 블랙, 와인, 다크 브라운계열의 차가운 색으로 도시적이면서 당당한 이미지를 보여준다.

(4) 아방가르드(avant-garde) 이미지

극소수 사람들에게 선호되는 독창적이고 실험적인 스타일이자 대중화되지 않은 전위적인 헤어 스타일을 의미한다. 비대칭 커트나 아프로(Afro) 스타일처럼 개성 있는 커트, 과장된 퍼머, 탈색이나 브리지, 비비드 색상이나 여러 색으로 염색한 스타일 등 주로 자신만의 개성을 표출하려는 아티스트나 젊은 층에서 찾아볼 수 있는 독특한 이미지이다.

2. 메이크업 이미지

인간관계에 있어 좋은 첫인상을 남기는 것은 관계의 지속성에 있어 중요한 부분이며, 첫인상에서 가장 부각되는 부분은 외모라 할 수 있다. 그 중 얼굴은 시선이 가장 주목되는 신체 부위로 메이크업을 통해 더 나은 이미지 연출이 가능하며, 여러 색상과 질감을 활용해 피부에 직접 표현함으로써 다양한 효과를 만들어 낼 수 있다.

메이크업이란 화장품을 이용해 얼굴의 단점을 최대한 보완하되 장점은 극대화하여 보다 좋은 이미지를 만드는 것으로 각 개인의 개성 표현 및 원활한 사회생활에 도움을 줄 수 있도록 TPO(Time, Place, Occasion)를 적절히 고려해야 한다. 특히 메이크업은 시대적 분위기나 문화적 가치관에 따라 각기 다른 기준이 적용되므로 이를 참고하여 사회적으로 선호되는 미적 기준에 따라 용모를 조정할 수 있어야 한다.

1) 피부 타입과 스킨 케어

피부는 연령, 성별, 건강 상태, 음식 섭취, 계절, 온도, 스트레스 등 생리적 · 환경적 · 심리적 요인의 영향을 많이 받기 때문에 메이크업을 시작하기 전 우선 피부의 상태가 어떤지 정확히 파악해야 한다.

표피(0.07~2mm), 진피(−0.3~3mm), 피하조직으로 구성되어 있는 피부는 그물 모양의 구조로 되어 있으며, 진피는 피부의 탄력과 밀접한 관련이 있다.

피부색은 멜라닌 색소, 헤모글로빈, 카로틴의 양에 따라 결정되는데, 가장 큰 영향을 주는 것은 멜라노사이트 내에서 생성된 멜라닌 색소이다.

피부는 70%가 물로 구성되어 있어 체온을 일정하게 유지해 주고, 호흡 · 항체작용은 물론 피지선의 분비를 조절해 주는 기능이 있다.

일반적으로 피지와 수분량에 따라 정상(중성) 피부, 건성 피부, 지성 피부로 나누며, 그 외에도 민감성 피부, 복합성 피부, 노화 피부, 색소 침착 피부, 여드름 피부 등으로 구분한다.

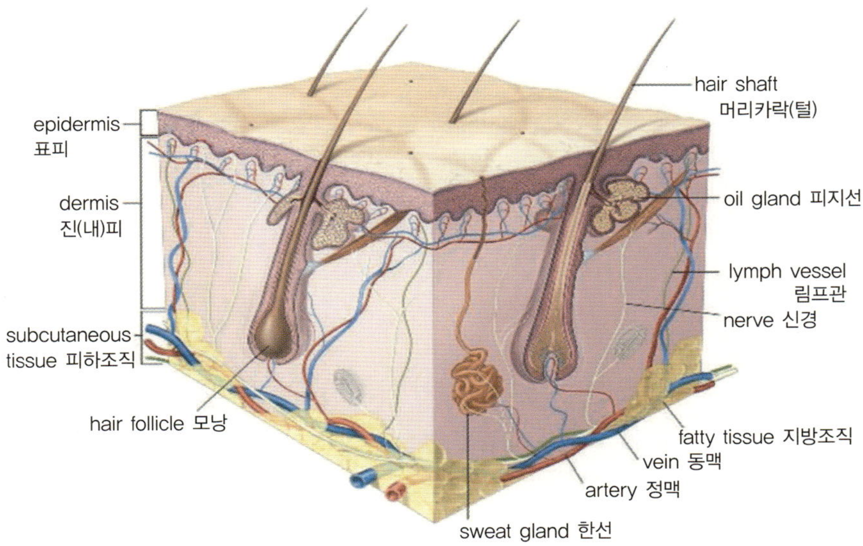

피부조직
www.cancer.gov/types/skin

(1) 피부 타입

① 중성 피부(normal skin)

중성 피부는 모공이 섬세해 피부 결이 매끄럽고, 윤기가 날 뿐 아니라 혈색이 좋고 탄력이 있는 이상적인 타입으로 피지 분비량이 적당하게 유지되어 화장이 잘 지워지지 않는다. 단, 계절에 따라 건성으로 바뀔 수 있으므로 이를 보완해 주는 제품을 선택하도록 한다.

② 건성 피부(dry skin)

건성 피부는 피지 분비량이 적어 윤기가 없고, 푸석푸석한 느낌이 드는 피부로 세안 후 민얼굴로 방치하면 피부가 당기고, 잔주름이 생겨 노화가 진행되기 쉽기 때문에 피부 상태에 따라 보습효과가 강화된 제품을 선택하는 것이 중요하다. 특히 알칼리성 비누 세안은 금하고, 스크럽 및 딥 클렌징은 삼가하도록 한다.

Tip 건성 피부 관리방법

- 1일 1.5ℓ 이상 수분 섭취
- 아침: 물 세안 → 유연화장수 → 아이 크림 → 에센스 → 크림 → 자외선 차단제
- 저녁: 클렌징 → 유연화장수 → 아이 크림 → 에센스 → 크림

* 유연화장수: 피부에 보습을 주는 화장수

③ 지성 피부(oily skin)

지성 피부는 피지 분비량이 많아 얼굴이 번들거리고, 여드름과 뾰루지가 생기기 쉬운 피부로 세안 후 당기는 느낌은 없으나, 화장이 쉽게 지워져 관리가 어려

Tip 지성 피부 관리방법

- 주 2회 각질 제거, 1일 1.5ℓ 이상 수분 섭취
- 아침: 세안 → 수렴화장수 → 아이 크림 → 에센스 → 수분 크림 → 자외선 차단제
- 저녁: 클렌징 → 폼 클렌징 → 수렴화장수 → 아이 크림 → 에센스 → 수분 크림

* 수렴화장수: 피부 결을 정돈해 주는 화장수

운 타입이다. 특히 이마, 턱 주변에 여드름, 코 주변에는 블랙 헤드가 생겨 칙칙해 보이기 쉽기 때문에 세안을 꼼꼼히 하고, 피지 분비량을 조절해 줄 수 있는 제품 선택이 필요하다.

④ 민감성 피부

민감성 피부는 조직이 섬세하고 얇아 열, 먼지, 햇빛, 화장품 등 외부의 환경적 요인에 민감하게 반응하며, 가벼운 자극이나 물질에 의해서도 홍반, 충혈 등 피부 병변을 일으키곤 한다. 따라서 지나치게 높거나 낮은 온도는 삼가고, 민얼굴로 햇빛에 노출되지 않도록 하며, 무자극 제품을 사용하도록 한다.

⑤ 복합성 피부

복합성 피부는 두 가지 이상의 피부 성질을 가진 타입으로 건성과 지성이 얼굴에 복합적으로 나타난다. 주로 이마나 코 주변의 T-zone은 피지 분비가 왕성하고, 그 외는 유분기가 없는 건성 타입으로 화장품 선택 시에도 피부 상태에 따라 두 종류의 제품을 선택하는 것이 효과적이다.

Tip 복합성 피부 관리방법

- 1일 1.5ℓ 이상 수분 섭취
- 아침: 물 세안 → 토너 → 아이 크림 → 에센스 → 수분 크림 → 자외선 차단제
- 저녁: 클렌징 → 토너 → 아이 크림 → 에센스 → 수분 크림

(2) 스킨 케어

일반적으로 건강한 피부를 유지하기 위해서는 규칙적인 생활, 적절한 운동과 휴식, 균형 있는 음식 섭취 등 규칙적이고 계획적인 관리와 생활 습관이 필요하다. 건강한 피부란 주근깨나 기미 등의 색소 침착 없이 피부 톤이 깨끗하고 윤기가 나며, 촉촉하고 탄력이 있을 뿐 아니라 피부 결이 섬세하고 매끄러운 피부를

말한다.

이러한 건강한 피부를 유지하기 위해서는 클렌징은 물론 마사지, 팩 등의 꾸준한 관리가 요구되는데, 가장 쉬운 방법은 자신의 피부 타입에 맞는 화장품 사용과 함께 효과적인 클렌징과 적당한 마사지, 팩이 도움을 줄 수 있다.

① 클렌징(cleansing)

클렌징이란 피부 표면의 화장품 잔여물과 피지, 땀 등의 피부에 부착되어 있는 먼지들을 제거해 피부를 청결하게 하고, 생리적 기능을 원활하게 하는 것을 말한다. 화장을 지울 때는 먼저 리무버(remover)를 이용해 눈과 입술 위의 포인트 메이크업을 제거한 뒤, 안면 전체를 클렌징하고, 폼(foam) 타입의 클렌징을 이용해 2차 세안을 진행한다. 즉, 눈에 들어가도 자극을 주지 않는 전용 메이크업 리무버 제품으로 눈, 아이라인, 마스카라 등 색조 화장을 지운 후 클렌징 워터, 로션, 크림, 오일 중 자신의 피부 타입에 맞는 제품으로 얼굴 전체의 화장을 지운다. 주로 건성 타입이거나 옅은 화장일 때는 로션 타입을 사용하고, 지성 타입이거나 진한 화장일 때는 크림이나 오일을 사용한 후 클렌징 폼으로 세안하는데, 마지막은 화장수로 마무리한다.

② 마사지(massage)

마사지는 손이나 도구를 사용해 신체의 혈액순환을 향상시킴으로써 통증을 줄이고, 신경과 근육계통에 치료효과를 주는 것으로 꾸준한 피부관리는 얼굴의 노화 방지와 탄력 증진에 도움을 준다. 얼굴관리를 위한 마사지는 얼굴과 목, 데콜테(décolleté)를 중심으로 진행되는데 이는 목 주변의 근육 뭉침을 완화시켜 혈색을 좋게 하고 탄력을 더해 주며, 수분과 영양 공급을 통해 잔주름을 예방함으로써 젊음을 유지하는 데 도움을 준다.

③ 팩(pack)

거칠어진 피부를 개선할 목적으로 사용하며, 팩 제품의 유효 성분이 피부에 흡수되도록 일정시간 방치했다가 떼어 내는 타입의 제품을 의미한다.

팩은 각질층을 촉촉하고 유연하게 하는 보습작용과 피부의 오염, 피지 등의 불순물을 흡착시켜 제거하는 청정작용 및 피부 온도를 일시적으로 높여 줌으로써 노폐물 배출을 원활하게 하는 혈액순환 촉진작용의 효과가 있다. 팩의 종류에는 다음과 같은 것들이 있다.

- 필 오프(peel off): 팩을 바른 후 건조되면 필름 막을 떼어 내는 방식으로 민감성이나 여드름 피부는 자극이 될 수 있으므로 사용을 자제하도록 한다.
- 워시 오프(wash off): 팩을 도포한 후 일정시간(20~30분) 경과 후 물로 씻는 타입으로 여름에 사용하기 편리하다.
- 티슈 오프(tissue off): 팩을 도포한 후 일정시간(10~15분) 경과 후 티슈로 제거하는 타입으로 사용이 간편하나 청량감은 떨어진다.
- 시트(sheet): 얼굴이나 특정 부위에 붙인 후 일정시간(20~30분) 경과 후 떼어 내는 타입으로 사용이 간편해 소비자들이 가장 많이 찾는다.
- 분말(powder): 분말 팩 제품을 물에 개서 도포하는 형태로 노화 피부에 많이 사용되며, 석고팩, 고무팩(모델링 마스크), 효소팩 등이 있다.

Tip 건강한 피부관리를 위한 페이스 마사지와 마스크 팩 활용 요령

- 마사지 전 뜨거운 타월로 모공을 열고, 마사지 후에는 찬 타월로 진정시킨다.
  - 이마(전두근): 위쪽, 옆쪽 방향으로 마사지한다.
  - 눈(안륜근, 구륜근): 눈꼬리부터 눈머리를 거쳐 부드럽게 누르며 마사지한다.
  - 입 주위: 원 방향으로 약하게 마사지한다.
  - 볼(협근, 광대근): 위쪽 사선 방향으로 마사지한다.
  - 목: 위아래 방향으로 반복해서 마사지한다.
- 마스크 팩을 하기 전, 가볍게 각질을 제거하고 토너로 피부의 결을 정돈하면 효과적이다.
- 마스크 팩은 10~15분이 적당하며, 30분을 넘지 않도록 한다.

2) 메이크업 도구 및 재료

(1) 메이크업 도구

① 스펀지

손이나 브러시 대신 파운데이션을 얼굴에 펴 바를 때 사용하는 도구로 파운데이션을 찍어 두드리거나 문질러 표현하며, 사용 후 세척해서 사용할 수 있다.

- **라텍스 스펀지**: 천연 생고무를 원료로 제작되며, 더러워진 면은 잘라내고 사용할 수 있다.
- **합성 스펀지**: 석유에서 얻은 인조 원료로 만들어져 가격이 저렴하고, 탄력 및 형태 보존력이 우수해 세척 후 재사용이 가능하나, 유분의 흡수력이 떨어진다는 단점이 있다.
- **해면 스펀지**: 물에 적셔 사용하는 천연 소재 스펀지로 파운데이션의 소모를 최소화하며, 특히 팬케이크를 바를 때 편리하다. 사용 후에는 세척해서 재사용할 수 있다.

	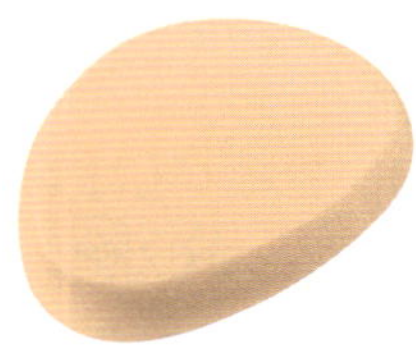	
비디비치 라텍스	합성 라텍스	해면스펀지

② 퍼프(puff)

파운데이션을 도포한 후 파우더를 발라 유 · 수분을 없앨 때 사용하는 도구로 순면제품이 적합하다. 가벼운 화장에는 브러시를 이용하기도 하지만, 2개의 퍼프로 파우더 양을 적당히 조절해 가면서 가볍게 발라 준다.

얼굴의 가장 넓은 부위인 볼, 이마에서 턱, 눈, 코 순서로 진행하며, 사용 후에는 중성세제로 세탁하여 재사용한다.

③ 브러시(brush)

메이크업 작업 시 없어서는 안 되는 중요한 도구로 대부분 족제비, 오소리, 담비 등의 천연동물 털로 제작되며, 합성모와 혼합된 제품들도 있다. 사용 후에는 중성세제나 샴푸에 가볍게 세척한 후 린스로 헹궈 그늘에 말리되 브러시 끝을 가지런히 모아 모양을 잡은 채로 건조시킨다.

■ 페이스 브러시(face brush)

주로 얼굴 피부 화장을 위해 사용하는 브러시로 파우더 브러시, 팬 브러시, 치크/블러셔 브러시, 컨실러 브러시 등이 있다.

- 파우더 브러시(powder brush): 가장 큰 브러시로 파우더를 묻혀 얼굴을 가볍게 쓸어 주듯 바르거나 파우더 잔여분을 털어낼 때 사용한다.
- 팬 브러시(fan brush): 부채꼴 모양의 브러시로 얼굴에 묻은 파우더나 섀도 가루분을 털어 낼 때 주로 사용한다.
- 치크/블러셔 브러시(cheek/brusher brush): 얼굴의 윤곽을 수정하거나, 광대뼈가 돋보이도록 볼 화장을 할 때 사용하며, 여러 번 가볍게 터치해야 자연스럽게 표현된다.
- 컨실러 브러시(concealer brush): 다소 작은 사이즈의 브러시로 기미, 여드름, 점 등 얼굴 피부의 결점을 커버하는 데 사용한다.

■ 아이섀도와 라인 브러시(eye shadow & line brush)

- 베이스용: 눈두덩이 전체에 베이스 컬러를 펴 바를 때 사용하며, 눈 주변에 자극이 가지 않도록 브러시 모가 부드럽고 끝이 둥근 것이 좋다.
- 포인트용: 포인트 섀도를 넣을 때 사용하며, 다양한 사이즈의 브러시가 있으므로 눈의 형태나 크기를 고려해 적절한 브러시를 사용하도록 한다.
- 팁 브러시: 펜슬 아이라이너를 그라데이션시키거나 강한 포인트를 넣을 때 주로 사용한다.
- 라인 브러시: 섬세하고 또렷한 아이라인을 그릴 때 사용하는 가장 가는 브러시로 탄력이 좋아야 잘 그려지며, 주로 리퀴드(liquid) 타입이나 크림

(cream) 타입의 아이라인 제품이 많이 사용된다.

■ 아이브로 브러시(eyebrow brush)

- 사선 브러시(slant eyebrow brush): 눈썹의 빈 공간을 메워 주거나 눈썹을 또렷하게 만들기 위한 사선형 브러시로 힘 있는 것이 눈썹을 그리기에 좋다.
- 스크루 브러시(screw brush): 눈썹을 빗어 결을 정리하거나 눈썹이 너무 진하게 그려졌을 때 강도를 부드럽게 조절할 수 있으며, 마스카라를 바르기 위해 속눈썹을 정리할 때도 사용한다.

■ 립 브러시(lip brush)

길이가 일정하고 브러시 모가 탄력이 있어야 입술 선을 그리기 편하며, 브러시 끝이 둥근형과 각진 형이 있으므로 입술 형태나 연출 분위기에 따라 선택해 사용한다.

페이스 브러시	아이섀도와 아이라인 브러시	아이브로 브러시	립 브러시

④ 기타

- 눈썹 칼(eyebrow knife): 눈썹을 깨끗이 다듬을 때 사용하는 칼로 족집게와 달리 눈썹 결의 반대 방향으로 뉘어 사용하면 커팅이 잘된다.
- 아이래시 컬러(curler): 속눈썹에 자연스러운 컬을 만들어 주는 도구로 속눈썹이 처진 눈매를 좀 더 크고 또렷하게 연출할 수 있다.
- 인조 속눈썹(false eyelash): 눈을 더 크고 또렷하게 만들기 위한 가짜 속눈

썹으로 글루를 이용해 붙이며, 숱의 양과 모양, 길이별로 다양한 제품이 있어 눈의 형태에 맞는 것으로 선택할 수 있다. 속눈썹을 붙이기 위해서는 먼저 컬러(curler)를 이용해 속눈썹을 자연스럽게 올린 후, 눈썹 중간중간에 짧게 커팅한 인조 속눈썹을 올려 눈매를 교정한다.

필요에 따라 뗐다 붙였다 하는 속눈썹과 달리 세안 시에도 떨어지지 않아 수일간 지속되는 속눈썹 연장술도 최근 성행 중이다.

미샤 눈썹 칼	아이래시 컬러	아리따움 인조 속눈썹

(2) 메이크업 재료

① 기초 제품

기초 메이크업을 위한 제품으로는 스킨, 로션, 에센스, 크림 등의 스킨 케어 제품을 비롯해 선블록(자외선 차단제), 프라이머 등을 들 수 있다.

■ 스킨 케어

- 스킨(skin/toner): 보습제, 유연제가 함유되어 피부 표면의 각질층을 촉촉하고 부드럽게 해주는 화장수를 말하며, 유연화장수, 수렴화장수, 영양화장수 등이 있다.
- 로션(lotion/emulsion): 보습제, 유분, 계면활성제를 주성분으로 하며, 화장수로 정돈된 피부에 다시 한 번 유 · 수분 밸런스를 조절해 주고, 피부의 항상성을 유지시켜 준다. 유분과 보습제의 함량에 따라 건성, 중성, 지성, 복

합성, 민감성으로 구분한다.

- 에센스(essence): 피부에 수분과 영양을 공급해 주는 제품으로 피부 유형 및 얼굴 부위별 주름 예방과 보습을 위한 다양한 제품이 출시되고 있다.
- 크림(cream): 수분 및 영양을 공급해 주는 크림 타입의 제품으로 로션 다음 단계에 바르는 것이 일반적이며, 주로 취침 전 피부관리를 위해 사용된다.

선블록(sun block)

태양의 자외선으로부터 피부를 보호하기 위한 기능성 제품으로 기미, 주근깨, 홍반, 검버섯, 피부암 등 피부에 생길 수 있는 질병을 예방하는 역할을 한다.

자외선은 크게 UVA, UVB, UVC로 나뉘는데, UVA와 UVB는 지표면에 도달하여 피부에 영향을 미친다. 장파장인 UVA는 피부에 깊이 파고들어 피부 탄력 감소는 물론 노화를 촉진시키며, UVB는 UVA보다는 파장이 짧아 지표면에 도달하는 양은 적지만 피부에 미치는 영향이 UVA보다 훨씬 더 강력해 색소 침착은 물론 피부 화상, 피부암 등을 일으킨다. 여름철에 피부가 쉽게 타는 것은 바로 이 UVB 때문이며, UVC는 단파장으로 오존층에 거의 흡수되어 인체에 큰 영향을 주지 않는다.

또한 자외선 차단지수에 따라 차단효과가 달라지므로 활동시간대나 영역에 따라 적당한 제품을 선택하도록 한다. SPF 뒤에 붙은 숫자가 높을수록 차단효과도 높아지는데, 일상생활에서는 SPF 15 정도, 햇빛이 강한 여름철에는 SPF 30 이상의 자외선 차단제가 적당하며, 야외활동 시에는 SPF 50 이상의 제품을 사용하는 것이 효과적이다. 또한 외출하기 최소 30분 전에 자외선 차단제를 발라

라네즈, 헤라, 수려한, 오휘 자외선 차단제

CNP, 미샤, 로레알, 랑콤 자외선 차단제

야만 외출 시 차단효과를 볼 수 있으며. 2~3시간 간격으로 덧바르는 것이 효과적이다.

이와 함께 UVA의 차단지수(PFA)와 등급(PA)에서 PFA는 8 이상일 때, PA는 '+++' 일 때 UVA 차단효과가 가장 큰 것으로 알려져 있다.

> **Tip 자외선 차단지수**
>
> - SPF(Sun Protection Factor: UVB 차단지수): 15분 차단가능
>   - 예 SPF 15×15분=225분(=약 3시간 40분)
> - PA(Protection UVA): UVA 차단지수

② 색조 제품

색조 메이크업을 위한 제품으로는 피부 톤을 보정하는 메이크업 베이스와 파운데이션, 파우더를 비롯해 눈썹, 눈, 볼, 입술 부위에 사용하는 제품들로 구성된다.

■ 메이크업 베이스(makeup base)

피부 톤을 조절하고, 피지 분비를 억제해 메이크업의 지속성을 향상시키며, 파운데이션의 밀착감을 증진시킨다. 자신의 피부색에 따라 기준이 달라지나 최근에는 메이크업 베이스의 기능과 파운데이션 기능이 더해진 2 in 1 제품이 늘고 있는 추세이다.

- beige계열: 가볍고 자연스러운 피부 톤을 연출하는 데 효과적이다.
- green계열: 불그스름한 피부나 여드름, 잡티가 많은 경우에 효과적이다.
- purple계열: 노르스름한 피부를 중화시키거나 혈색 없는 피부에 화사함을 더할 때 효과적이다.
- pink계열: 창백한 피부 톤에 생기를 더하고, 화사한 피부 톤을 연출하는 데 효과적이다.

이니스프리 / 메이크업포에버 메이크업 베이스

Tip BB크림, CC크림, 프라이머

• **BB(Blemish Balm)크림**

피부과에서 필링, 레이저 시술 이후 피부진정효과와 재생을 도와주는 크림으로 독일에서 최초로 개발되었으나, 붉어진 피부를 자연스럽게 톤 다운시켜 피부 본연의 색으로 커버해 주는 역할을 하면서 화장품으로 사용되기 시작하였다.

• **CC(Color Control)크림**

컬러를 조절해 주는 크림이라는 의미를 가지고 있으며, 제조회사에 따라 다른 의미를 갖기도 한다. BB크림에 비해 수분함량이 많아 촉촉한 표현이 가능하지만 커버력이 약한 것이 단점이라 할 수 있다.

• **프라이머(primer)**

프라이머에는 실리콘 성분이 함유되어 있어 피부 표면의 요철을 매끄럽게 채우고, 모공의 결점을 커버해 줌으로써 피부 결을 매끄럽고 윤기 나는 피부로 만들어 화장이 잘되게 해주는 기능이 있다.

	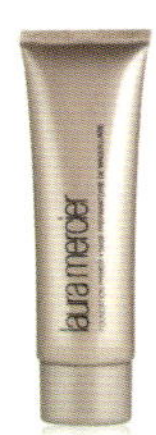		
헤라 픽스프라이머	로라메르시에 프라이머	메이크업포에버 HD 프라이머	바닐라코 프라이머

프라이머는 얼굴 전체에 도포해도 무방하지만, 결점이 있는 부분에만 발라도 자연스럽게 커버되며, 최근에는 파운데이션, 선크림, 메이크업 베이스와 같은 다양한 기능이 결합되어 하나의 제품으로 나온 2 in 1, 3 in 1 제품이 출시되고 있다.

파운데이션(foundation)

피부 색조를 균일하게 조정하는 역할로 메이크업 효과를 높여 주며, 피지 분비량을 조절하거나 자외선 및 온도로부터 피부를 보호하는 기능이 있다.

- 리퀴드 타입(liquid type): 액상 타입으로 투명한 화장 연출이 가능하나 지속력과 커버력은 떨어지는 편이므로 가벼운 화장을 원할 때 사용한다.
- 크림 타입(cream type): 리퀴드 타입에 비해 지속성과 커버력이 우수해 완벽한 커버력을 원할 때 유용하다.
- 케이크 타입(cake type): 트윈(투웨이) 케이크라고도 하며, 퍼프에 물을 적셔 사용한다. 퍼짐성이 좋고, 휴대가 간편해 널리 쓰이며, 커버력이 우수하다.
- 스틱 타입(stick type): 커버력이 우수하며, 주근깨, 점 등 결점이 많은 피부의 잡티를 빠르게 커버하는 데 효과적이다.

Tip 컨실러(concealer)

펜슬, 스틱, 크림 타입 등이 있으며, 자신의 피부 톤보다 1~2톤 밝은 것을 사용하도록 한다. 컨실러는 자연스럽고 가벼운 화장을 원할 때 베이스를 가볍게 도포한 후 주근깨, 점 등의 잡티 부위나 다크서클에 사용한다.

리퀴드 타입	랑콤 크림 타입	헤라 케이크 타입	바비브라운 스틱 타입

Tip 파운데이션을 고르는 방법과 사용법

- 얼굴과 가까운 목 부분에 발색해 가장 자연스러운 색을 선택한다.
- 입체적인 메이크업을 위해서는 2~3가지 톤을 얼굴 부위별로 적용하는데, 눈 밑 부분과 T-zone 부위는 가장 밝은 색으로 하이라이팅하고, 뾰족한 턱부분이나 광대, 이마 양쪽은 약간 어두운 색으로 셰이딩하여 자연스럽고 입체적인 얼굴형을 연출한다.
- 눈가, 입술 주변의 O-zone은 피부가 얇고 움직임이 많으므로 적당량을 얇게 펴 바른다.

■ 파우더(powder)

파운데이션의 밀착력과 지속력을 높이고, 피부 표면의 번들거림을 교정함으로써 피부 톤을 화사하게 마무리하며, 대기 중의 오염으로부터 피부를 보호한다. 유분이 많을 경우 이를 닦아내고 사용해야 파우더가 뭉치는 것을 방지할 수 있으며, 가벼운 화장을 위해서는 브러시로 가볍게 얼굴을 털어 내듯 사용한다.

- **루즈 파우더(loose powder):** 일반적으로 사용되는 투명한 가루 타입으로 가볍고 얇게 표현되지만, 커버력이 약하고, 가루가 날리는 단점이 있다.
- **프레스트 파우더(pressed powder):** 가루가 날리는 불편함을 개선해 고형으로 압축시킨 형태로 휴대가 간편하고, 브러시를 이용하면 가볍고 자연스럽게 표현할 수 있다.

로라메르시에 루즈 파우더	메이크업포에버 프레스트 파우더

■ 아이브로(eyebrow)

눈썹은 인상 형성에 중요한 역할을 하므로 본래의 눈썹 형태에서 크게 벗어나지 않는 범위 내에서 얼굴형 및 피부 톤, 헤어 컬러를 고려해 색상과 형태를 변화시키도록 한다. 눈썹 모양은 개개인에 따라 차이가 있지만, 모양을 정돈하거나 다르게 연출할 때 크게 직선형, 사선형, 둥근형, 아치형 등으로 변화를 주며, 눈썹 모양에 따라 전해지는 이미지가 달라지기도 한다.

눈썹의 색상으로는 회색, 갈색, 검정색을 주로 사용하는데, 한국인은 진회갈색의 뉴트럴(neutral) 계열을 선호하는 편이다.

눈썹이 지나치게 넓게 퍼져 있거나 지저분할 경우 좋지 않은 인상을 줄 수 있으므로 눈썹 가위와 눈썹 칼로 깔끔하게 정돈하도록 하고, 만약 눈썹 숱이 적거나 중간중간 비어 있는 경우 눈썹 펜슬로 빈 부분을 자연스럽게 채운 후 헤어 컬러와 맞는 섀도로 가볍게 리터치한다.

■ 아이섀도(eye shadow)

눈의 형태를 비롯해 피부 톤, 의상 색, 조명 등 전체적인 조화를 고려해 색상과 질감을 선택함으로써 눈매에 생동감을 부여한다. 아이섀도의 종류로는 가루를 압축시킨 케이크 타입, 밀착력이 우수한 크림 타입, 펜슬 타입 등이 있다.

- 케이크(cake) 타입: 사용법이 용이하고, 여러 색을 중첩시켜 사용할 수 있어 초보자가 사용하기 편리하지만, 가루 날림이 심하고 지속성이 떨어진다. 이러한 단점을 보완해 한 번 구워 낸 베이크드(baked) 타입의 섀도는 피부에 가볍게 발색되며, 지속성을 보다 향상시킨 제품이다.

맥 케이크 타입 아이섀도	바비브라운 크림 타입 아이섀도	나스 펜슬 타입 아이섀도

- 크림(cream) 타입: 밀착력과 발색은 우수하나 유분이 많아 번지기 쉬우며, 쌍꺼풀 선에 섀도가 밀리는 경향이 있다. 섀도 컬러를 강하게 연출하고자 할 때 크림 제품으로 베이스를 깐 후 케이크 타입을 사용하면 효과적이다.
- 펜슬(pencil) 타입: 연필처럼 깎거나 펜을 돌리면 컬러 심지가 나오는 형태로 사용과 휴대가 간편하고 시간을 단축할 수 있으나, 밀리거나 찍힐 수 있으므로 신경 써서 펴 발라야 하며, 압력 조절을 잘해야 한다.

■ 아이라이너(eye liner)

라인의 굵기나 길이, 각도를 달리해 눈의 형태를 교정함으로써 눈매를 뚜렷하고 선명하게 잡아주는 메이크업 아이템으로 주로 언더라인보다 더 진하게 표현한다.

- 펜슬 타입(pencil type): 초보자도 그리기 용이하다는 장점이 있으나 번지기가 쉬우며, 심지가 너무 딱딱하지 않은 것을 선택해야 눈에 자극을 주지 않으면서 잘 그려진다.
- 리퀴드 타입(liquid type): 액상 타입의 라이너로 번짐이 적으며, 브러시 끝이 뾰족하고 가늘어서 라인을 선명하고 뚜렷하게 표현할 수 있지만, 초보자에게는 어려울 수 있다.
- 붓펜 타입(pen type): 끝이 가늘고 탄력 있는 붓이 브러시 끝에 달려 있으며, 같은 액상 타입이지만 리퀴드 타입보다 그리기 쉽고, 눈꼬리를 보다 가늘게 연출할 수 있다.
- 케이크 타입(cake type): 브러시에 물이나 스킨을 묻힌 후 케이크를 희석시

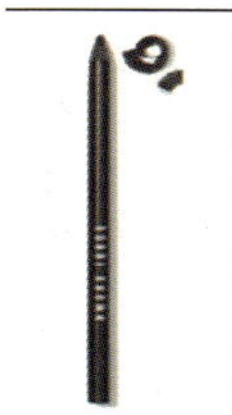			
바비브라운 펜슬	줄리아 가든 / 보브 리퀴드 아이라이너	로라메르시에 케이크 아이라이너	바비브라운 / 메이블린 젤 아이라이너

켜 사용하는 타입으로 물의 양에 따라 라인의 농도를 다양하게 변화시킬 수 있다.

- 젤 타입(gel/jell type): 브러시를 이용해 젤의 양을 조절할 수 있으며, 그리기가 쉬워 가장 보편적으로 사용하는 타입이다. 지속력을 높이기 위해 리퀴드 타입과 섞어 사용하기도 한다.

마스카라(mascara)

속눈썹을 길고 진하게 또는 풍성해 보이도록 조정함으로써 눈매를 크고 깊이감 있게 만드는 제품으로 롱래시(long lash), 컬링(curling), 볼륨(volume) 마스카라 등이 있다. 마스카라 전 컬러(curler)를 같이 이용하면 처진 눈매를 상당히 교정할 수 있다.

			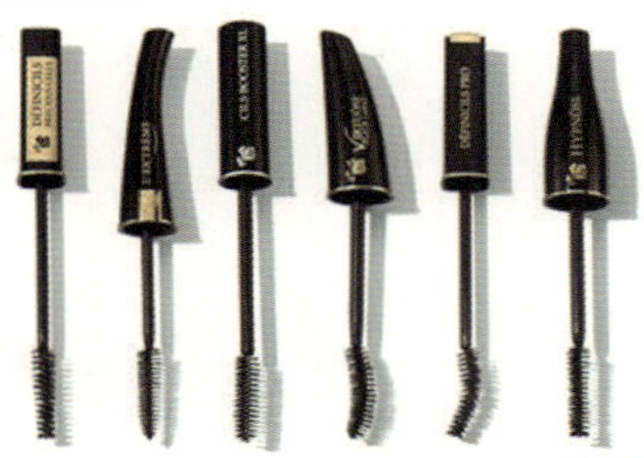
메이블린 볼륨 마스카라	이니스프리 꼼꼼 마스카라	로레알 컬 마스카라	랑콤 마스카라

블러셔(blusher)

얼굴의 전체적인 윤곽을 조정해 입체감을 주거나 혈색을 더해 생동감을 부여하는 것으로 얼굴형을 비롯해 피부 톤, 립스틱, 의상 등을 고려해 진행한다.

윤곽 수정을 위한 것인지 생동감 부여가 목적인지에 따라 다른 색감을 적용하는데, 윤곽 수정을 위해서는 밝은 계열과 어두운 계열 2~3톤을 이용해 하이라이팅과 셰이딩을 주고, 생동감을 연출하게 위해서는 핑크, 오렌지, 코럴(coral), 브라운계열을 활용한다. 핑크색은 희고 맑은 피부에, 오렌지계열은 밝고 노르스름한 피부에 적당하며, 브라운계열은 황갈색 피부에, 코럴계열은 핑크와 오렌지가 믹스되어 가장 많이 사용된다.

- **케이크 타입(cake type)**: 가루분을 압축시킨 타입으로 단색과 그라데이션 블러셔를 비롯해 구슬처럼 생긴 파우더 볼 제품도 출시되었으며, 브러시를 이용해 적당량을 볼 부분에 터치하거나, 윤곽을 자연스럽게 수정해 준다.
- **크림 타입(cream type)**: 손가락이나 퍼프를 이용해 적당량을 볼에 도포하고, 바깥 방향으로 자연스럽게 펴서 그라데이션시킨다. 최근에는 립과 블러셔를 동시에 사용할 수 있는 멀티 제품이 다양하게 출시되고 있다.
- **틴트 타입(tint type)**: 액상 타입으로 손가락이나 면봉을 이용해 적당량을 볼에 도포하고, 바깥 방향으로 자연스럽게 펴 바르는 제품으로, 립과 동시에 사용할 수 있다.

다양한 케이크 타입 블러셔

다양한 크림 타입 블러셔

틴트 타입 블러셔

립(lip)

립 메이크업은 색조 메이크업의 완성 단계로 입술 모양, 피부색, 연령, 건강 상태, 트렌드 등을 고려해 연출하며, 특히 포인트 메이크업을 위해 가장 많이 활용된다.

입술의 형태나 색상을 변화시켜 전체적인 분위기를 다양하게 변화시킬 수 있으며, 외부 자극이나 자외선으로부터 입술을 보호하기도 한다.

- **립스틱(lipstick)**: 스틱의 형태로 되어 있어 사용이 편리하고 발색이 좋으며, 색상과 질감이 다양해 립 컬러를 바꿀 때 가장 보편적으로 사용된다.
- **립글로스(lip-gloss)**: 젤 상태와 가까우며, 입술에 촉촉함과 윤기를 더 할 때 주로 사용하지만, 발색력과 지속력은 강하지 않은 편이다.

• **립틴트(lip-tint)**: 액체 타입으로 입술에 자연스러운 색감을 연출하고자 할 때 주로 사용하지만, 틴트의 특성상 쉽게 건조해질 수 있고, 제대로 지우지 않으면 착색될 우려가 있으므로 제품선택을 신중히 하도록 한다.

• **립밤(lip-balm)**: 립크림 타입으로 입술이 건조할 때 보호제로 사용된다.

	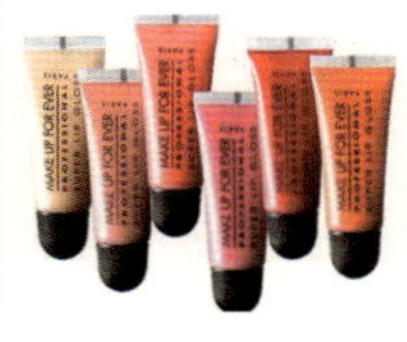		
슈에무라 립스틱	메이크업포에버 립글로스	이니스프리 / 베네피트 립틴트	버츠비 립밤

3) 얼굴형에 따른 메이크업

최근 꾸미지 않은 듯한 자연스러운 메이크업이 유행하면서 과거 달걀형의 얼굴형에 맞춰 강하게 명암을 넣었던 메이크업은 자취를 감추게 되었고, 현재는 자연스러운 입체감을 살린 컨투어(contour) 메이크업과 피부의 촉촉한 질감을 살린 글로시(glossy)한 메이크업이 붐을 이루고 있다. 물론 영상물이나 무대, 연극 분장에서는 명암 대비가 큰 파운데이션으로 얼굴 윤곽을 교정해 주는 셰이딩 작업을 통해 캐릭터를 돋보이게 하는 메이크업이 시행되고 있지만, 일반적으로 두껍고 진한 메이크업보다는 가볍고 투명한 메이크업이 선호되고 있다.

(1) 얼굴 형태

① 달걀형 얼굴

얼굴의 가로와 세로 비율이 1 : 1.5 ~ 1 : 1.618의 황금 비율을 보이는 타입으로 이마가 턱보다 약간 넓으며, 전체적으로 각 없이 부드러운 얼굴형을 하고 있어 윤곽에 있어서는 특별히 수정 · 보완할 부분이 없다. 단, 이상적인 얼굴형의 비율은 이마와 코, 턱의 세로 비율이 1 : 1 : 1, 눈 크기에 따른 가로 비율이 1 : 2 : 2 : 2 : 1이므로, 이를 고려해 하이라이팅과 셰이딩을 적절히 조절할 필요가 있다.

② 장방형 얼굴

얼굴이 달걀형에 비해 긴 타입으로 볼살이 없어 나이가 더 들어 보일 수 있으므로 세로선을 줄이고, 가로선을 넓혀 길어 보이지 않도록 하는 것이 포인트이다. 먼저 베이스 단계에서는 이마와 턱 끝부분에 어두운 파운데이션을 이용해 셰이딩을 주고, 양 볼은 밝은 파운데이션으로 가로 면이 좀 더 넓어 보이게 한다.

눈썹은 앞머리 부분을 살려 일자형으로 연출하고, 아이섀도 또한 일자형의 형태로 마무리하며, 립라인은 도톰하게 입술선을 살려 자연스럽게 둥글린다. 특히 블러셔는 사선이 아닌 코끝을 향해 가로 방향으로 터치해 시선이 상하로 길어지지 않도록 조정하는데, 얼굴이 지나치게 마른 경우 밝은 계열이나 펄이 가미된 제품을 사용해 입체감을 살려 준다.

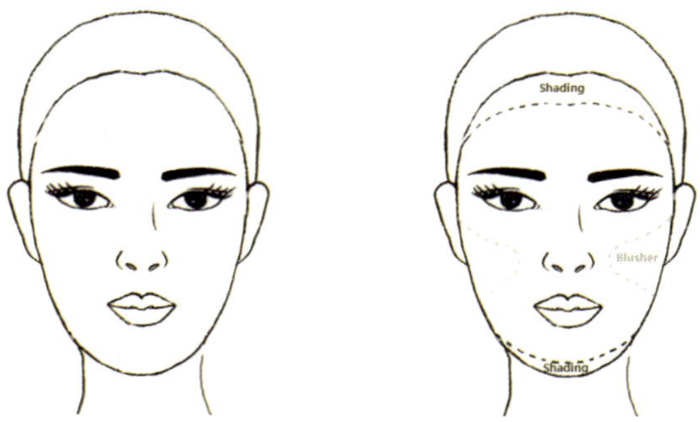

③ 둥근형 얼굴

얼굴 볼살이 많은 타입으로 어리고 귀여워 보이기는 하나, 전체적으로 얼굴이 커 보이거나 이목구비가 뚜렷해 보이지 않으므로, 하이라이팅과 셰이딩을 적절히 조율해 윤곽을 살려 주는 것이 포인트이다. 먼저 베이스 단계에서 얼굴이 갸름해 보이고, 윤곽이 살아나도록 얼굴 양 옆쪽과 코 벽을 따라 어두운 파운데이션으로 음영을 주고, 밝은 파운데이션으로 T-zone과 눈 밑에 하이라이트를 준다.

눈썹은 샤프한 이미지를 더해 약간 각진 듯 눈썹 산을 살리고, 아이섀도는 사선의 느낌을 살려 눈꼬리 쪽을 강조, 립라인은 입술산을 약간 각지게 그려 오똑하게, 마지막으로 갸름한 얼굴선을 위해 블러셔는 입꼬리를 향해 사선 방향으로 터치한다.

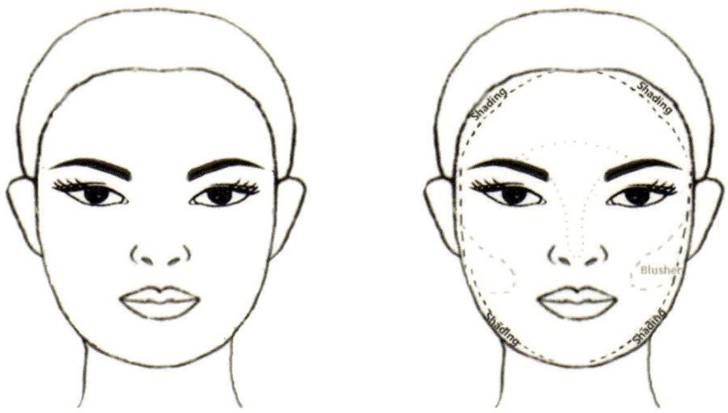

④ 역삼각형 얼굴

얼굴의 상반부인 이마가 넓고 하반부인 턱이 좁은 타입으로 볼에 살이 없어 예민해 보일 수 있으므로 이마는 좁아 보이게, 볼은 통통해 보이도록 하는 것이 포인트이다. 먼저 베이스 단계에서 이마의 양 옆쪽과 턱 끝에 어두운 파운데이션으로 셰이딩을 넣고, 볼은 밝은 파운데이션으로 통통해 보이도록 한다. 눈썹은 완만한 곡선으로 아이섀도는 사선이 아닌 완만한 라인 형태로 연출하며, 립라인 또한 부드러운 곡선으로 그려 준다. 블러셔는 눈 아래쪽에 가로로 길게 넣어 귀여운 이미지를 만든다.

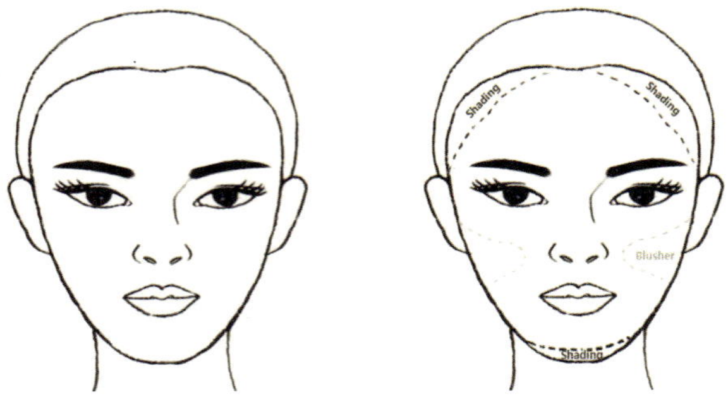

⑤ 사각형 얼굴

얼굴의 하관부가 발달해 상하부의 폭이 전체적으로 비슷하며, 딱딱하고 강한 인상을 주기 때문에 전체적으로 부드럽게 보일 수 있도록 하는 것이 포인트이다. 먼저 베이스 단계에서 양쪽 면의 턱 부위와 이마 양 끝에 어두운 파운데이션을 이용해 셰이딩을 주고, T-zone과 눈 밑에 하이라이트를 준다.

눈썹은 부드러운 이미지를 위해 아치형의 곡선을 살리고, 아이섀도 또한 부드럽게 음영을 넣어 그라데이션한다. 입술은 넓은 턱 선과 대비되지 않도록 완만한 곡선으로 도톰하게 하며, 마지막으로 갸름한 얼굴선을 위해 블러셔는 턱 끝 방향을 향해 사선 방향으로 길게 터치한다.

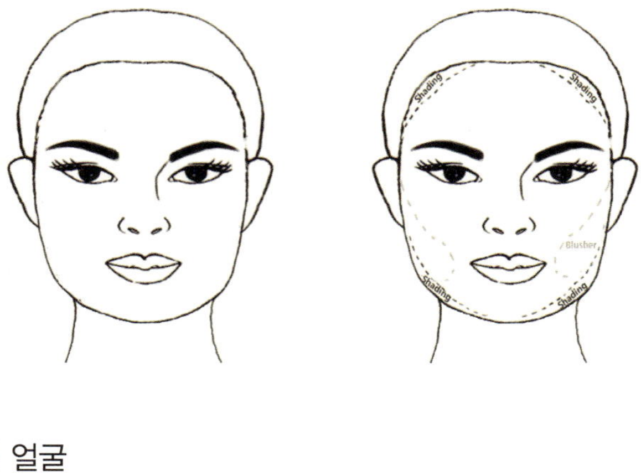

⑥ 마름모형 얼굴

얼굴 광대뼈가 발달한 타입으로 자칫 차갑고, 나이 들어 보일 수 있으므로 전체적으로 둥그스름하게 보이도록 하는 것이 포인트이다. 먼저 베이스 단계에서는 광대뼈 부분과 턱 끝에 어두운 파운데이션을 이용해 셰이딩을 주고, 이마 양쪽 면과 볼 부위는 밝은 파운데이션으로 하이라이트를 준다.

눈썹은 완만한 표준형으로 하고, 아이섀도는 따뜻한 색상으로 그라데이션하며, 립라인은 완만한 곡선으로 부드럽게 표현한다. 블러셔는 광대뼈를 둥글게 감싸듯이 터치해 부드러운 이미지를 만든다.

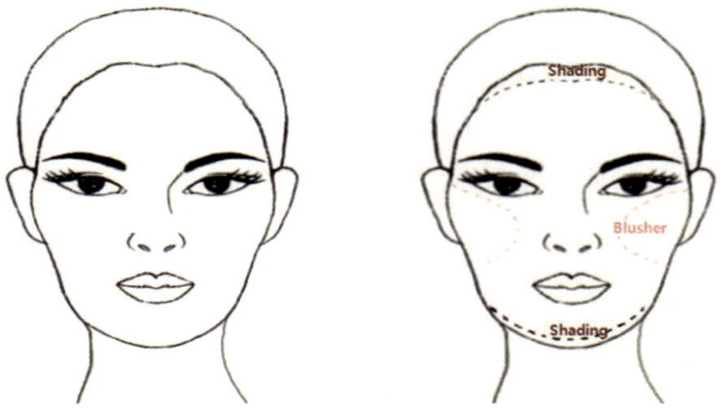

(2) 눈썹 형태

① 직선형 눈썹

눈썹 산을 부각시키지 않는 수평선에 가까운 형태로 두껍게 그렸을 경우 어려 보이는 효과가 있으며, 긴 얼굴이나 폭이 좁은 얼굴에 적당하다.

② 사선형 눈썹

눈썹 끝을 올려 그린 형태로 동적인 느낌과 함께 날카로워 보이는 효과를 주기 때문에 뾰족한 얼굴형보다는 아래 턱이 넓은 얼굴형에 적합하며, 카리스마 있는 강한 이미지를 연출하고자 할 때 적용해 볼 수 있다.

③ 둥근형 눈썹

눈썹 산을 완만하게 그려 우아한 여성스러움을 더해 주는 형태로 각지거나 턱이 뾰족한 얼굴형에 부드러운 효과를 줄 수 있다.

④ 각진형 눈썹

눈썹 산을 각지게 그려 세련된 이미지를 주며, 둥근 얼굴에 샤프한 느낌을 더해 얼굴형을 보완할 수 있다.

직선형 눈썹	사선형 눈썹	둥근형 눈썹	각진형 눈썹

(3) 눈의 형태

① 작은 눈

작은 눈을 보완하기 위해서는 다크 브라운, 다크 그레이 등 진한 계열을 라인에 가깝게 펴 바르고, 아이라인을 길게 연장하되 눈꼬리 부분에서 위아래 라인이 만나지 않도록 하거나 연결 후 확장시켜 눈매가 길고 커 보일 수 있도록 한다.

② 치켜 올라간 눈

날카로운 인상을 줄 수 있으므로 부드러운 계열의 색상을 활용해 눈 앞머리를 강조하고, 섀도를 수평으로 연결한 후 눈꼬리 언더라인 쪽에 음영을 주어 눈매가 약간 내려가 보이도록 아이라인을 보완한다.

③ 처진 눈

눈꺼풀이 내려가 있어 눈이 작고 답답해 보일 수 있으므로 산뜻한 계열의 아이섀도를 이용해 눈꼬리 쪽을 살짝 올리고 아이라인 또한 길게 올려 그려 준다.

④ 눈두덩이 부은 눈

돌출된 눈이나 부어 보이는 눈에는 붉거나 밝은 계열, 펄이 가미된 제품은 더 부어 보일 수 있으므로 가능한 한 피하고, 매트(mat/matte)한 질감의 차분한 색상으로 라인을 강조해 샤프한 이미지를 연출하는 것이 효과적이다.

⑤ 움푹 들어간 눈

눈꺼풀이 들어가면 나이 들어 보이거나 피곤해 보일 수 있으므로 밝은 계열 또는 펄감이 있는 색상으로 눈두덩이를 보완해 입체감을 살리도록 한다.

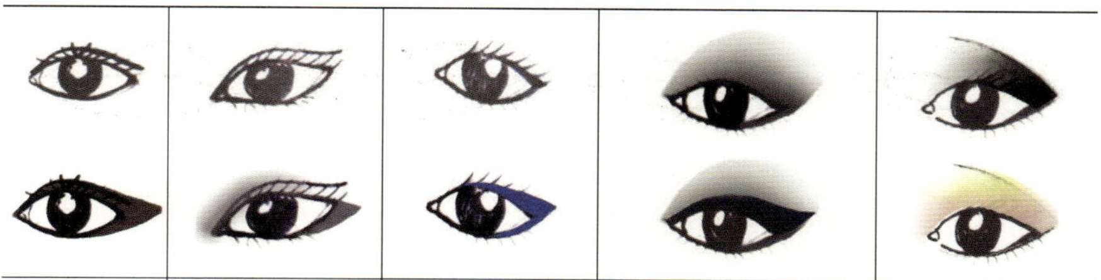

작은 눈	치켜 올라간 눈	처진 눈	눈두덩이가 부은 눈	움푹 들어간 눈

(4) 입술 형태

① 작은 입술

귀엽고 여성스러워 보이나 작은 입술로 인해 상대적으로 얼굴이 커 보일 수 있으므로 전체적인 비율을 고려해 아웃커브로 사이즈를 키워 그려 준다.

② 얇은 입술

지나치게 얇은 입술은 나이 들어 보일 수 있으므로 전체적인 균형을 고려해 입술 선을 바깥쪽으로 1~2mm 확대시켜 아웃커브로 연출하며, 진한 색을 활용해 립라인을 정리하면 섹시하고 매혹적인 이미지를 표현할 수 있다.

입술 안쪽은 진한 색으로 바깥쪽으로 갈수록 그라데이션한 후 글로스를 덧바르면 입체감이 살아난다.

③ 두꺼운 입술

입술로만 시선이 집중될 수 있으므로 입술 선을 컨실러를 이용해 가린 후 1~2mm 안쪽의 인커브로 완성하며, 지나치게 펄이 많이 들어가거나 밝은 색은 입술이 더 두꺼워 보일 수 있으므로 피하는 것이 좋다.

④ 처진 입술

입술 끝이 수평선보다 밑으로 처져 보이는 형태로 자칫 우울한 인상으로 비쳐질 수 있으므로 입술 끝을 위로 당기듯 올려 그린다.

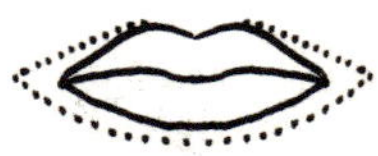		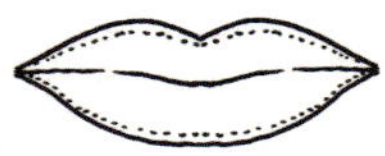	
작은 입술	얇은 입술	두꺼운 입술	처진 입술

4) 피부 톤에 따른 메이크업

사람의 피부는 인종과 지역, 환경에 따라 다르며, 카로틴(carotin), 헤모글로빈(hemoglobin), 멜라닌(melanin)에 의한 황색, 적색, 갈색의 색소 분포가 달라진다. 이 중 어떤 색소를 얼마나 가지고 있느냐에 따라 흰 피부, 누런 피부, 붉은 피부, 어두운 피부 등으로 구분할 수 있다.

이를 피부의 베이스 컬러와 관련지어 보면 노르스름한 기운(yellow base)이 강한 따뜻한 피부를 웜(warm) 톤, 푸르스름한 기운(blue base)이 강한 차가운 피부를 쿨(cool) 톤이라 하며, 그 기준을 어디에 두느냐에 따라 구분이 달라질 수 있다. 먼저 피부의 밝기를 기준으로 웜 톤은 밝고 노란 피부와 어둡고 노란 피부로, 쿨 톤은 밝고 차가운 피부와 어둡고 차가운 피부로 나눌 수 있으며, 이를 계절색의 기준으로 볼 때 각각 봄, 가을, 여름, 겨울의 색으로 연관지어 볼 수 있다.

(1) 웜 톤(warm tone) 피부와 메이크업

① 밝고 노란 피부(bright & yellow skin)

밝고 노르스름한 피부로 투명하고 윤기가 난다. 계절로는 봄에 해당되며, 로맨틱하면서 사랑스러운 분위기로 연출할 수 있다.

피부는 아이보리, 옐로, 피치 베이지계열의 파운데이션을 약간 섞어 화사함을 주고, 섀도는 옐로, 그린, 핑크, 오렌지계열이 잘 어울린다. 단, 눈두덩이가 두툼할 경우 섀도 컬러를 너무 넓게 펴 바르지 않도록 한다. 아이라인은 눈매를 고려해 자연스럽게 그려 주고, 눈썹은 원래의 눈썹과 헤어 컬러를 최대한 고려해 가볍게 터치한다. 립과 블러셔는 연한 핑크나 오렌지, 코럴(coral)계열을 사용하되 립의 경우는 글로스로 촉촉하게 마무리하고, 블러셔는 볼을 중심으로 가볍게 펴 바른다.

② 어둡고 노란 피부(dark & yellow skin)

노르스름하면서 까무잡잡한 피부로 햇볕에 잘 타는 편이며, 건강하고 섹시한 느낌이 난다. 태닝으로 까무잡잡해진 피부도 여기에 해당된다. 계절로는 가을에 해당되며, 성숙하고 여성스러운 이미지를 표현할 수 있으나 자칫 나이 들어 보일 수 있다.

피부는 골드 · 웜 베이지, 피치 브라운계열을 섞어 본래의 톤에서 더 밝아지지 않게 하되, 하이라이팅과 셰이딩으로 윤곽을 잡아 칙칙해 보이지 않도록 한다. 섀도는 가을의 분위기를 대표할 수 있는 베이지, 브라운과 골드, 카키, 오렌지계열 등 중간 톤이나 약간 어두운 톤이 잘 어울린다. 아이라인은 눈매를 보완해 자연스럽게 그려 주고, 눈썹은 섀도와 헤어 컬러를 고려해 너무 진하지 않게 보완하며, 립과 블러셔는 각각 레드 오렌지나 딥 레드계열로 립라인을 깔끔하게 표현하고, 블러셔는 피치 베이지나 오렌지, 레드, 내추럴 브라운계열을 사용해 자연스럽게 터치한다.

(2) 쿨 톤(cool tone) 피부와 메이크업

① 희고 붉은 기운의 피부(white & reddish skin)

희고 창백한 피부로 여성스러움과 지적인 이미지를 연출할 수 있으며, 계절로는 여름에 해당되어 부드러운 파스텔계열이 잘 어울린다.

피부는 창백한 느낌을 보완할 수 있도록 핑크, 로즈 베이지계열의 파운데이션으로 혈색을 가미하고, 섀도는 화이트, 베이지, 핑크를 비롯해 중간 톤의 블루, 민트, 퍼플 등 파란색계열도 잘 어울린다. 아이라인은 눈꼬리를 뒤로 길게 빼 시원스럽게 연출하고, 눈썹은 처져 보이지 않게 샤프하게 올려 그린 후 회(갈)색계열로 마무리한다. 립과 블러셔는 섀도와의 조화를 고려해 연한 핑크나 코럴(coral), 베이지 브라운계열로 가볍게 마무리하는데, 상황에 따라 비비드(vivid) 톤으로 강하게 포인트를 줘 화려함을 더할 수도 있다.

② 붉고 푸른 기운의 피부(red & bluish skin)

붉고 푸르스름한 기운이 느껴지는 피부로 겨울에 해당되며, 핑크, 블루, 마젠타, 그레이, 블랙 등 푸른 기운이 있는 색과 강렬하면서 선명한 색이 잘 어울리므로 화려한 색을 이용해 전체적인 조화로움을 이끌어 내도록 한다.

피부는 로즈 베이지나 올리브 브라운계열의 파운데이션을 섞어 피부 톤을 보완하고, 섀도는 그레이, 네이비, 버건디, 다크 브라운, 와인, 퍼플계열 등 강렬한 색상과 펄 제품을 적당히 활용해 깊이 있게 연출한다. 아이라인은 눈매가 돋보이도록 약간 길게 그려 주고, 눈썹은 본래의 형태를 고려하되 약간 아치형으로 완성한다. 립은 레드, 버건디, 브라운계열을 적절히 섞어 무겁지 않게 연출하고, 블러셔는 핑크 베이지나 로즈 핑크 등 핑크계열로 마무리한다.

웜 톤(warm tone)		쿨 톤(cool tone)	
노르스름한 기운(yellow base)		푸르스름한 기운(blue base)	
밝은 톤 (bright tone)	어두운 톤 (dark tone)	밝은 톤 (bright tone)	어두운 톤 (dark tone)
▼	▼	▼	▼
yellow base	brown base	white, blue base	black, blue base
밝고 노란 피부	어둡고 노란 피부	밝고 차가운 피부	어둡고 차가운 피부
봄	가을	여름	겨울
yellow, green, pink, orange계열	gold bronze, brown계열	white, gray, blue계열	blue, purple, black계열

5) 이미지에 따른 메이크업

(1) 내추럴 이미지(natural image)

가공하지 않은 자연스러운 이미지로 색상이나 질감 표현을 최소화함으로써 한 듯, 안 한 듯 가볍고 깨끗한 느낌을 주는 메이크업을 의미한다.

피부 베이스 작업에서는 두꺼워지지 않게 리퀴드 파운데이션으로 원래 피부 톤과 유사하게 연출하고, 눈썹은 있는 그대로 형태를 유지하면서 헤어 컬러에 맞게 섀도로 가볍게 터치해 준다. 눈 화장은 피부 톤에 맞춰 베이지나 브라운, 코럴계열로 음영만을 주고, 아이라인은 펜슬이나 젤 타입으로 속눈썹에 최대한 가깝게 그려 준다. 속눈썹을 컬링하여 투명 마스카라로 고정해 주면 자연스럽고 뚜렷한 눈매를 연출할 수 있다. 마지막으로 립스틱은 피부 톤과 유사한 계열로 바르되 입술 중앙에 틴트나 글로스를 살짝 얹어 청순한 느낌을 더한다.

(2) 로맨틱 이미지(romantic image)

소녀답고 사랑스러운 이미지로 파스텔계열인 핑크, 옐로, 오렌지, 민트, 퍼플 등을 이용해 달콤한 분위기를 연출한다.

피부는 핑크계열의 파운데이션을 섞어 원래의 피부보다 약간 밝고 화사하게 연출하되 컨실러를 이용해 깨끗하게 커버한다. 눈썹은 얼굴형을 고려하되 약간 두껍게 그려 어린 소녀의 이미지를 더하고, 눈 화장은 펄이 가미된 파스텔계열을 이용해 사랑스럽게 연출한다. 아이라인은 눈 가운데를 조금 두껍게 그려 눈동자가 커 보이게 하는데, 속눈썹을 컬링한 후 인조 속눈썹을 활용하면 효과를 극대화시킬 수 있다. 립은 핑크나 코럴계열을 이용해 도톰하게 표현하고, 블러셔 또한 같은 계열을 이용해 광대뼈를 중심으로 동그랗게 펴 발라 귀엽게 연출한다.

(3) 엘레강스 이미지(elegance image)

우아하고 품위 있는 성숙한 여성의 이미지로 절제된 듯하나 기품이 느껴지는 메이크업을 말한다. 피부 표현은 잡티를 모두 커버해 깨끗하고 화사한 느낌을 주며, 눈썹은 약간 곡선으로 그려 우아함을 더한다. 눈 화장은 원색보다는 그레이, 바이올렛, 브라운, 골드 등 중간 톤의 차분한 계열로 은은하게 표현하고, 아이라인은 눈꼬리를 길게 빼 그윽한 눈매를 연출한다. 립은 소프트 톤의 핑크나 와인계열로 라인을 뚜렷하게 그려 표현하고, 블러셔는 핑크 브라운계열로 여성스러움을 더해 준다.

(4) 섹시 이미지(sexy image)

성숙한 여성미를 극대화시킬 수 있는 이미지로 얼굴의 윤곽을 살려 입체감을 더하고, 대담하고 화려한 색상을 이용해 눈 또는 입술에 포인트를 줌으로써 섹시한 이미지를 연출할 수 있다. 희고 밝은 피부일 경우 검정색 아이라인을 눈꼬리에서 살짝 올려 그린 후 붉은 계열의 립으로 마무리하며, 까무잡잡한 피부의 경우 아이 홀을 잡아 깊은 눈매를 연출하고, 입술은 레드나 로즈계열로 입술 선을 뚜렷하게 마무리한다. 단, 조명이 화려한 실내에서는 메이크업이 연해지거나 다운되어 보일 수 있으므로 하이라이팅과 셰이딩을 충분히 해 윤곽을 잡아주고, 펄(pearl)이나 글리터(glitter), 글로시(glossy)한 제품을 적절히 활용해 화려한 분위기를 살리도록 한다.

(5) 모던 이미지(modern image)

현대적인 감각을 갖춘 세련되고 도회적인 분위기와 함께 미래지향적인 감각을 바탕으로 한 소피스티케이트(sophisticate), 매니시(mannish), 댄디(dandy), 시크(chic) 이미지 등 차가운 분위기로 표현된다. 사랑스러운 여성의 분위기와는 대비되는 중성적인 이미지로 색감 표현을 최소화하고, 블랙과 화이트계열을 주조색으로 차분한 쿨 톤의 계열이 사용된다. 피부는 윤곽을 잡은 후 매트하게 표현하고, 눈썹은 직선의 느낌을 가미해 사선이나 각진 형으로 표현한다. 눈 화장은 그레이나 블루계열의 섀도와 블랙 라이너로 아이라인을 뚜렷하게 그려 주거나, 점막을 검게 칠해 스모키(smoky) 메이크업으로 연출하는데, 이때 립은 색감이 강하지 않은 핑크 베이지계열을 사용해 균형을 맞춘다. 마지막으로 브라운계열의 블러셔를 사선으로 터치해 샤프한 느낌을 더해 준다.

3. 네일 이미지

손톱과 발톱은 표피세포가 변화된 것으로 케라틴을 주성분으로 한 단백질로 구성되어 있다. 손발톱의 경도는 손톱에 함유된 수분량이나 케라틴의 조성에 따라 차이가 있는데, 일반적으로 1개월에 3mm 정도 자란다고 한다. 건강한 손톱은 적당한 수분감이 있어 표면이 매끄럽고 광택이 나며, 연한 핑크빛을 띤다.

일반적으로 매니큐어와 페디큐어는 약한 손발톱을 보호하고, 이를 청결하게 손질하기 위한 네일(nail) 케어뿐 아니라 여러 색상의 에나멜을 이용해 개성을 표출하고 미적인 아름다움을 추구하는 목적을 지니고 있다.

1) 매니큐어(manicure)

(1) 네일 케어

네일 케어는 크게 네일 모양 잡기, 큐티클 정리, 손 마사지로 구분할 수 있다.

① 네일 모양 잡기

네일 형태는 크게 라운드형, 오벌형, 스퀘어형으로 나눌 수 있으며, 손의 모양이나 크기 및 손톱의 형태와 상태, 선호도 등을 고려해 진행해야 한다.

네일의 형태에 따른 특징을 간단히 살펴보면 다음과 같다.

첫째, 라운드형은 기본형이자 남녀에게 가장 무난한 형태이다.

둘째, 오벌형은 달걀 모양처럼 길쭉한 형으로 여성스러운 분위기를 느낄 수 있다.

셋째, 사각형은 샤프하고 도시적인 분위기를 주는 형태로 개성이 강한 이미지를 준다.

② 큐티클 정리

큐티클은 세균이 네일 매트릭스(matrix)로 침투하는 것을 방지해 주는 역할을 하기 때문에 과도하게 제거하지 말고 깨끗한 상태를 유지하도록 하는데, 큐티클에 각피 제거제인 오일을 바른 후 스틱으로 가볍게 밀어 니퍼로 적당히 제거한다.

	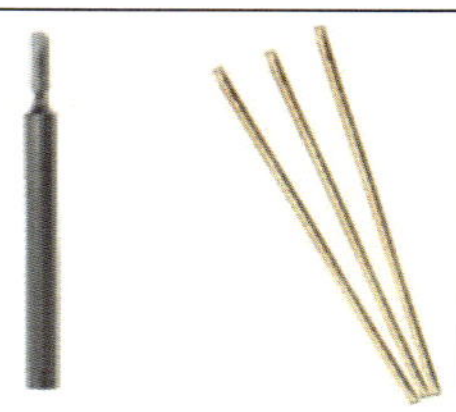	
파일 / 샌딩 블록	메탈 푸셔 / 우드스틱	큐티클 니퍼

③ 손 마사지

피부가 하얗고 적당히 살집이 있는 아담한 크기의 손은 상대방에게 좋은 이미지를 준다. 특히 손은 유해물질에 노출되기 가장 쉬울 뿐 아니라 우리의 신체 중 피로가 많이 쌓이는 부위 중 하나로 함부로 사용하거나 관리를 소홀히 하게 되면 탄력이 떨어지고 노화가 진행되기 쉽다.

따라서 건강한 손을 만들기 위해서 꾸준한 손 마사지를 통해 혈액순환을 향상시킬 필요가 있는데, 먼저 손을 씻을 때 너무 뜨거운 물보다는 미지근한 물이 피부의 건조함을 덜어 줄 수 있다. 다음은 주기적으로 각질을 제거한 후 보습제를 충분히 발라 주는 것이 좋으며, 엄지를 이용해 손바닥과 손등, 손가락 사이사이를 지압하듯 누르거나 원을 그리듯 풀어 주면 혈액순환에 도움이 된다. 손이 거칠거나 심하게 건조하다면 일주일에 1~2번 팩을 해주는 것도 효과적이다.

(2) 네일 컬러링

네일 컬러링을 위한 색을 선택할 때는 손의 피부색과 모양, 손톱의 크기와 상태를 잘 파악해야 손의 단점을 커버해 아름답게 표현할 수 있다. 특히 손과 손톱이 유난히 큰 경우, 너무 밝은 계열보다는 차분한 색이 효과적이다.

피부색은 크게 흰 피부, 노란 피부, 붉은 피부, 검은 피부로 구분할 수 있는데 피부색과 최대한 비슷한 계열로 선택했을 때 자연스럽다.

첫째, 흰 피부는 파스텔계열을 비롯해 거의 모든 색이 잘 어울리지만 레드, 오렌지, 블루 등의 비비드한 컬러가 흰 피부를 더욱 투명하고 깨끗하게 보이게 한다. 둘째, 노란 피부도 대부분의 색이 무난하게 어울리지만, 파스텔계열이 가장 화사한 느낌을 준다. 셋째, 붉은 피부는 투명하거나 맑은 색이 잘 어울리며, 붉거나 푸른색은 피하는 것이 좋다. 넷째, 검은 피부는 브라운, 네이비, 퍼플과 같이 어두운 계열이 잘 어울리며, 검은 피부를 더 강조하고 싶다면 강하게 대비되는 네온 컬러가 효과적이다.

그라데이션 http://sweetnailart.tumblr.com	워터 마블링 http://www.alpsnailart.com	라인스톤 http://fabnailartdesigns.com	젤 네일 http://fabnailartdesigns.com

이상 한 가지 색으로 컬러링하는 방법 이외에도 손톱을 아름답게 꾸밀 수 있는 다양한 기법들이 있는데, 두 가지 색을 이용한 그라데이션(gradation), 물감을 분사시켜 표현하는 에어브러시(airbrush), 기하학적인 무늬를 활용한 마블링(marbling), 다양한 인조 보석을 붙여 장식하는 라인스톤(rhine stone)과 컨페티(confetti) · 댕글(dengle), 스티커를 이용한 데칼(decal), 캐릭터를 활용한 핸드페인팅(hand painting)과 포크아트(fork art), 실크를 활용한 실크 익스텐션(silk extention), 아크릴 파우더를 이용한 스컬프처(sculpture) 등의 방법이 손의 아름다움을 연출하기 위해 활용되고 있다. 최근에는 건조가 빠르고, 광택감과 지속력이 뛰어난 젤(gel) 타입이 사랑받고 있는데, 제거하기 어렵고 비용이 높다는 단점이 있다.

Tip 매니큐어 순서

1. 손 소독(손 씻기): 손을 씻거나 알코올로 소독한다.
2. 에나멜 제거: 리무버(아세톤)를 솜에 묻혀 손톱 위에 잠시 올려뒀다가 문지르면서 지운다.
3. 손톱 모양 만들기: 파일을 이용해 원하는 손톱 모양을 잡아준다.
4. 손톱 표면 다듬기: 손톱 표면이 거칠 경우 샌딩 블록을 사용해 교정한다.
5. 손 담그기: 핑거볼에 손을 담군 후 큐티클을 부드럽게 불린다.
6. 큐티클 정리: 큐티클에 오일이나 크림을 바른 후 푸셔나 우드 스틱으로 가볍게 밀어 올린 후 니퍼를 이용해 깔끔하게 잘라낸다.
7. 마사지 및 핫 타월: 마사지한 후 뜨거운 타월로 닦아 준다.
8. 베이스 코트: 컬러링하기 전 손톱을 보호하기 위해 바르는 것으로 손톱의 굴곡을 메워 에나멜의 밀착성을 향상시킨다.
9. 에나멜: 2회 정도 덧발라 준다. 에나멜은 점도와 발림, 건조 속도가 적당하고, 지속성이 우수한 것이 좋다.
10 톱 코트: 에나멜을 바른 후 윤기와 광택을 더하고, 내구성을 향상시키기 위해 바른다.

2) 페디큐어(pedicure)

(1) 페디큐어의 의미

깨끗하고 위생적인 발관리는 노출이 많은 여름철에 특히 중요하게 인식되고 있으며, 샌들이나 슬리퍼를 신었을 때 지저분한 발은 타인에게 좋지 않은 인상을 남기게 되므로 지속적으로 관리해야 한다. 발관리를 위한 페디큐어에는 발톱 손질, 굳은살 제거, 마사지, 컬러링 등이 포함된다.

① 발톱 손질

발톱은 손톱과 달리 모양을 내는 데 한계가 있으며, 너무 동그랗게 깎게 되면 살을 파고들어 가는 부작용이 생길 수 있으므로 일자형에 가깝게 자르도록 한다. 자른 후에는 파일을 이용해 다듬고, 버퍼로 표면을 매끄럽게 만든다.

② 굳은살 제거 및 마사지

발은 우리의 신체 중 피로감을 가장 많이 느끼는 부위로 혈액순환이 원활하지 않거나 특정 부위에 자극이 지속될 때 굳은살이 생기거나 건조해지게 된다.

특히 하이힐로 인해 과도한 압력을 받거나 너무 조이는 신발을 신는 경우 체중이 한곳으로 실리는 자극으로 인해 굳은살이 생기게 된다. 발뒤꿈치 또한 피부 자극과 수분 부족으로 인해 건조해지거나 심하면 갈라지는 상황이 생기는데, 이럴 경우에는 따뜻한 물에 발을 담가 충분히 불린 후 페디 파일과 같은 각질 제거기를 이용해 정리하고, 보습제를 충분히 발라 준다.

이와 함께 엄지손가락을 이용해 발등, 발가락, 발바닥을 지그시 누르거나 문질러 줌으로써 발의 피로를 풀고 혈액과 림프관의 순환을 증진시켜 준다.

(2) 토네일(toenail) 컬러링

유분기를 깨끗이 닦아낸 후 발가락 사이에 세퍼레이터(발가락 끼우게)를 끼우고, 베이스 코트, 에나멜, 톱 코트순으로 발라준다. 네일 컬러링에 적용했던 기법을 페디큐어에도 그대로 활용할 수 있으며, 의상 스타일이나 신발 색상과의 조화를 고려해 화려하고 개성 넘치게 연출할 수 있다.

Tip 아름다운 발을 위한 기초관리

1. 발톱 모양 만들기: 파일을 이용해 발톱을 일자로 다듬는다.
2. 발톱 표면 다듬기: 표면이 매끄러워지도록 버퍼로 문지른다.
3. 큐티클 제거: 오일을 바른 후 푸셔나 우드 스틱으로 밀어 올린 후 지저분한 큐티클을 잘라낸다.
4. 각질 제거: 파일로 발뒤꿈치와 발바닥의 각질을 제거한다.
5. 마사지: 보습 오일(라벤더, 유칼립투스, 호호바 등)을 바른 후 마사지한다.
6. 컬러링: 유분을 닦아낸 후 발가락 사이에 세퍼레이터를 끼우고, 베이스 코트, 에나멜, 톱 코트순으로 발라준다.

4. 향기 이미지

사람의 체취에서 느껴지는 후각적 이미지는 사회적 관계에 있어 시각적 · 청각적 이미지만큼 간과할 수 없는 부분으로 인식된다. 특히 남녀 관계에 있어 냄새, 향기는 관계의 지속가능성을 결정할 만큼 비중 있는 부분이라 할 수 있다.

최근 향수는 특이한 체취를 없애기 위해서 또는 자신의 체취에 맞는 향기를 더함으로써 매력적인 모습을 극대화시키기 위해 사용되고 있는데, 무엇보다 자신에게 어울리는 향수를 선택해 지나치지 않게 사용하는 것이 중요하다.

1) 향수(perfume)

(1) 향수의 어원

신에게 바치는 제물의 불순한 냄새를 제거하고, 성전에 나가기 전 예의를 더하려는 목적에서 바르기 시작했다는 향수의 흔적은 동서양 문화권에서 동시에 발견된다. 동양은 불교의 전래와 함께 제사를 지낼 때 사용되었고, 귀부인들은 향낭을 몸에 지니고 다녔다고 한다. 오늘날 사용하는 향수의 시초는 16C 영국의 엘리자베스 여왕이 사랑했던 천연향료인 로즈메리(rosemary)향이었으며, 이후 산업의 발달과 함께 합성향료로 대체되면서 다양한 향수가 개발되었다.

(2) 향수의 종류

향수는 조합향료와 에틸알코올을 일정한 비율로 혼합하여 만들며, 혼합물을 밀폐 용기에 넣어 냉암소에 일정기간 숙성시키면 알코올의 자극적인 냄새가 사라지고 부드럽고 은은한 향기만 남는다. 향수는 향료의 농도, 즉 부향률에 따라 퍼퓸(perfume), 오드퍼퓸(eau de perfume), 오드뚜알렛(eau de toilette), 오드콜로뉴(eau de cologne)의 4종류로 나누며, 이들은 퍼퓸에 알코올과 증류수를 섞어 희석시킨 것이다.

① 농도에 따른 분류

■ 퍼퓸(perfume)

퍼퓸은 향료의 함유율이 15~30%에 이르는 가장 높은 향으로 향이 짙어 5시간 이상 지속되며, 품질이 좋은 향일수록 오래 지속된다.

■ 오드퍼퓸(eau de perfume)

오드퍼퓸은 향료의 함유율이 10~15%에 이르는 향으로 퍼퓸보다는 가볍게 즐길 수 있으며, 지속시간 또한 5시간 전후로 유지되어 한나절 정도 효과를 볼 수 있다.

■ 오드뚜알렛(eau de toilette)

오드뚜알렛은 향료의 함유율이 5~10%에 이르는 향으로 3~4시간 정도 지속되며, 향이 진하지 않고 은은해 우리나라에서 가장 많이 사용하는 종류이다.

■ 오드콜로뉴(eau de cologne)

오드콜로뉴는 향료의 함유율이 3~5%에 이르는 가벼운 향으로 2~3시간 정도 지속되므로 기분에 따라 다른 향으로 변경이 가능하다.

샤넬 퍼퓸	빅토리아 시크릿 오드퍼퓸	디올 오드뚜알렛	겔랑 오드콜로뉴

② 계열에 따른 분류

■ 그린(green)계열

시원하고 상쾌한 느낌을 주며, 풀이 연상되는 풋풋한 향으로 바이올렛 에센스, 피스타치아 렌티스루스, 갈바늄 등이 포함된다.

■ 스파이시(spicy)계열

톡 쏘는 느낌이 자극적인 향으로 넛메그, 시나몬, 정향나무, 후추 등이 해당되며, 플로럴이나 우디계열에 깊이를 더해 개성 있는 향을 연출할 때 사용된다.

■ 시트러스(citrus)계열

귤, 레몬, 베르가못, 오렌지, 자몽 등 감귤과의 상큼한 향으로 가벼운 것이 특징이며, 휘발성이 강한 편이다.

■ 시프레(chypre)계열

시프레란 젖은 이끼의 향으로 떡갈나무에서 서식하는 오크모스와 베르가못 향이 사용되는데, 주로 여름용 여성 향수나 건강미 넘치는 남성 향수로 사용된다.

■ 오리엔탈(oriental)계열

섹스어필한 느낌을 주는 진한 향으로 식물성 수지와 동물성 향료로 만들어 어둡고 무거우며, 신비스럽고 우아함을 연출하기 때문에 밤에 잘 어울린다.

■ 우디(woody)계열

나무껍질, 향목 등 나무를 연상시키는 은은한 향으로 오래 지속되는 특징이 있으며, 백단, 목단, 삼목, 샌들우드 등을 원료로 베이스 노트에 많이 사용된다.

■ 플로럴(floral)계열

꽃 향이 주가 되는 향으로 달콤한 것이 특징이며, 향수 중 가장 많은 비중을 차지한다. 라일락, 백합, 장미, 재스민, 히아신스 등 여러 종류의 꽃을 조합하여 만드는데, 처음 사용하는 사람도 부담 없이 시도해 볼 수 있다.

그린 록시땅 그린티 위드 자스민	시트러스 겔랑 레몬 프레스카	오리엔탈 펜할리곤스 지조니아	플로럴 불가리아 로즈 에센셜

(3) 향수 사용법 및 선택 시 주의사항

자신의 체질이나 기호, 계절에 맞는 향기는 심리적 안정과 기분 전환에 도움을 주기도 하지만, 상대방을 고려하지 않은 지나친 향기는 오히려 타인에게 불쾌감을 줄 수도 있다. 일반적으로 향수는 귀 뒷부분이나 목덜미, 손목 안쪽 등 맥박이 뛰는 곳에 도포하는 것이 일반적이지만, 민감성 피부의 경우 알코올 성분에 의한 알레르기에 주의해야 하며, 상처 부위에는 사용하지 않도록 한다.

피부에 직접 사용하지 않을 경우 옷의 안쪽 시접 부분이나 옷장에 살짝 분무하는 것도 좋은 방법인데, 이때 흰옷이나 실크, 가죽 등은 얼룩이 질 수 있으므로 각별히 조심한다.

또한 여름철 땀 냄새를 없애기 위해 땀이 많이 나는 신체 부위에 분무할 경우 더 심한 악취가 발생할 수 있는데, 이때는 그린, 플로럴, 시트러스계열 등 시원한 느낌의 오드콜로뉴 타입을 가볍게 사용하는 것이 효과적이다.

향수를 오래 사용하기 위해서는 직사광선이나 열을 피해 서늘한 곳에 보관하는 것이 좋은데, 사용 후에는 뚜껑을 반드시 닫도록 하며, 1년 이내에 사용하는 것이 좋다.

2) 데오도란트(deodorant)

(1) 데오도란트의 의미

사람의 몸으로부터의 체취는 자연스러운 현상이지만, 땀이 많이 나는 여름철의 경우에는 타인에게 불쾌감을 주는 요인이 된다. 인류의 역사상 체취를 감추려는 노력은 기원전부터 시작되었는데, 고대 이집트인들은 이를 위해 시나몬과 시트러스계열의 향이 나는 오일을 사용했으며, 겨드랑이 털을 제거했다고 전해진다.

체취는 땀에서뿐만 아니라, 땀이 난 후 이를 분해하는 박테리아로부터 발생하는데, 박테리아는 겨드랑이, 생식기, 그리고 발처럼 따뜻하고 습한 부위에 주로 서식하기 때문이다.

이와 같이 땀 냄새를 제거하거나 억제하는 제품을 데오도란트라고 하는데, 땀

억제제(antiperspirant)가 처음으로 출시된 곳은 1888년 미국 필라델피아이며, 당시에는 단순히 체취를 상쾌한 향으로 숨기는 역할을 했다고 한다. 이후 1903년 피부에 덜 자극적인 최초의 상업적 데오도란트인 '에브리데이(everyday)' 가 등장했고, 1960년대에는 스프레이 타입이, 1980년에는 펌프형과 스틱형의 데오도란트가 출현하기도 했다. 오늘날 겨드랑이 습기 억제 및 냄새 제거를 위해 개발 · 출시된 데오도란트 제품은 스틱, 로션, 파우더, 스프레이 타입 등이 있다.

스틱 타입	파우더 타입	스프레이 타입

(2) 구취

대화 시 입 냄새는 상대방에 대한 좋은 이미지 형성에 악영향을 미치는데, 주로 입 냄새는 90%가 충치, 구내염, 구강건조증, 잘못된 양치질로 인한 구강 내 문제이며, 10%가 소화기, 호흡기질환 등 내부 장기로 인한 문제에서 유발된다고 전해진다. 입 냄새가 심하다면 치과의 구강검진을 통해 구강질환을 치료하는 것이 가장 좋은 방법이며, 해당 질환이 없다면 내과나 이비인후과 검진을 받아 볼 필요가 있다. 평상시 입 냄새 제거를 위한 방법으로는 첫째, 양치질을 할 때

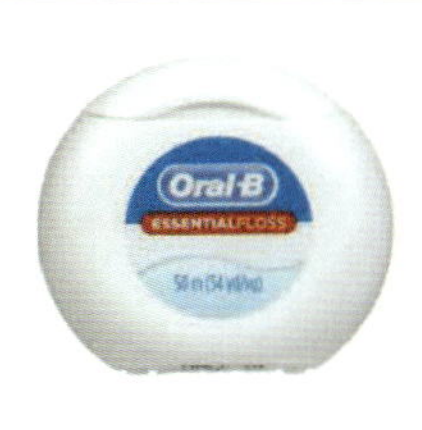		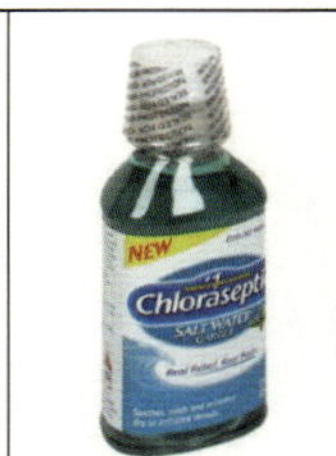	
치실	백태 제거기	구강 청결제	구취 제거제

치간 칫솔이나 치실을 이용하고, 혓바닥과 입천장을 꼼꼼히 닦는다. 둘째, 물이나 차를 자주 마시고, 음식을 섭취한 후에는 양치질이나 가글링을 한다. 셋째, 커피, 담배, 단백질 음식, 탄산음료를 적당히 섭취한다. 무엇보다 사람을 만나기 전 입 냄새가 나는지 미리 체크하고, 대비하는 습관을 갖도록 한다.

PERSONAL IMAGE MAKING

04

CHAPTER

매너 이미지

PERSONAL IMAGE MAKING

제4장에서는 매너 이미지를 크게 인사, 전화, 식사, 서비스로 구성하였으며, 각각 NCS 능력단위에서 요구하는 부분을 최대한 반영하도록 하였다.

첫째, 인사는 능력단위 명칭 '방문예절 숙지하기(1003020202_14v1.3)'와 '응대업무(0202030105_13v1)'의 상황별 방문객 응대원칙 및 소개 요령, 명함 수수법 등의 능력을 갖추기 위해 인사의 올바른 자세, 소개 및 악수방법, 명함의 올바른 교환법을 다루어 친절하고 예절 바른 인사능력을 기르고 각 상황에 따른 선별 · 대응능력을 향상시키고자 하였다.

둘째, 전화는 능력단위 명칭 '응대업무(0202030105_13v1)'의 전화업무에 해당되는 능력을 갖추기 위해 전화 응대 · 걸기 매너와 상황별 대처 및 그에 맞는 화법 및 전화메모 요령을 다루어 의사소통기술과 상황별 위기대처능력, 정확한 판단력, 상대방의 소리를 경청하는 능력과 긍정적인 언어사용능력을 길러 정확하고 신속한 업무처리능력을 향상시키고자 하였다.

셋째, 식사는 능력단위 명칭 '음식서비스(1301020106_14v2)'에서 식음료 메뉴와 메뉴에 따른 필요 테이블 세팅 및 집기류 취급방법을 익히기 위해 식사 시 예약과 주문 및 기본 테이블 매너를 다루었으며, 능력단위 명칭 '와인 선정 · 구매(1301020201_13v1)', '와인 분류(1301020207_13v1)', '와인 테이스팅(1301020205_13v1)'의 내용을 바탕으로 와인의 선정과 주문 요령 및 와인의 색, 향, 맛의 특징을 이해하고 테이스팅의 방법을 다루어 올바른 식사 매너 습관을 갖도록 하였다.

넷째, 서비스는 능력단위 명칭 '매장고객 응대(1003020104_14v1)'와 매장고객 관리(1003020107_14v1) 중에서 서비스에 관련된 내용을 바탕으로 서비스의 기본개념과 특성을 이해하고, 고객만족을 위한 서비스의 중요성과 고객을 상담하는 화술법을 습득하여 고객에 대한 세심한 배려와 관심을 갖고 고객의 불평불만사항을 정확하게 이해하고 신속하게 해결하는 능력을 향상시키고자 하였다.

1. 매너의 개념

매너(manner)는 라틴어인 '마누아리우스(manuarius)' 에서 유래되었으며, 이는 '마누스(manus)' 와 '아리우스(arius)' 의 복합어이다. 마누스는 손(hand)이라는 뜻으로, 사람의 행동이나 습관이란 뜻을 내포하고 있으며, 아리우스는 'more at manual', 'more by the manual' 이란 뜻으로 방법, 방식(way)을 의미한다.

즉, 매너란 사람마다 가지고 있는 독특한 습관의 표현방식(몸가짐)을 말하는 것으로, 매너의 기본개념은 상대방의 입장을 생각하여 존중해 주는 데 있으며, 이는 상대방이 불편하지 않도록 배려하고 폐를 끼치지 않게 하는 인간의 행동방식을 의미하기도 한다.

매너는 표현에 있어 일반적으로 매너를 '지키다' 라는 표현보다는 매너가 '있다', '나쁘다', '좋다' 로 표현하며, 어떤 일을 할 때 바람직하고 좀 더 쾌적하며 우아하다는 감각에서 생겨난 습관으로 세련되고 품위 있는 방법으로 하는 행동방식을 의미한다. 이러한 매너는 상대방에 대한 일종의 경의의 표현이자 배려 혹은 상대를 의식하는 행동의 일부로 서비스의 기본을 이루기도 한다.

매너는 개인차가 있고 습관의 표출이라는 면에서, 또한 상대에 대한 관심과 배려가 행동으로 표현된 것이라는 면에서 매너야말로 인격의 지표가 된다. 매너는 단순히 바란다고 해서 손쉽게 얻어지는 존재가 아니다. 늘 주변사람들의 행동을 주의 깊게 관찰하고, 모든 상황에 대해서 한 번 더 진지하게 생각하는 습관, 생각과 행동을 일치시키려는 노력과 상대의 문화나 전통에 대한 정보를 습득하는 노력을 통해 몸에 익혀 가는 것이다.

매너는 안정된 사회생활을 하기 위해 반드시 필요한 수단으로 스스로 생활을 아름답게 꾸미고 사회질서 유지를 위해 존재하는 윤활유의 역할을 하는 가장 기본적인 요소인 것이다. 또한 매너는 자발적인 행위로서 사회생활을 쾌적한 환경으로 만들어 건강한 사회를 만드는 매개체이기 때문에 법적 통제 이상의 의미를 가지고 있다.

내면이 아무리 아름다운 사람이더라도 외면으로 비춰지는 모습이 좋지 않다면 타인에게 불편함이나 오해를 줄 수 있다. 따라서 아름다운 매너는 올바른 인간관계를 맺기 위하여 익혀야 할 것으로서 자기 자신에게 무엇보다도 소중한 자산이 된다. 그러므로 이를 몸에 익히기 위해서는 부단한 연습으로 습관화하는 것이 좋다.

Tip 에티켓(etiquette)

에티켓은 프랑스어로, 예절과 예법이란 뜻을 지닌다. 예(禮)는 나 자신을 낮추고 상대방을 존경하는 마음이며, 절(節)은 예의, 마음을 표현하는 형식이다. 그 어원은 'Estiquier'의 나무 말뚝에 붙인 출입금지라는 의미인데, 이는 17세기 프랑스의 루이 14세가 살던 베르사유(versailles) 궁전 예절에서 시작되어 영국 및 스페인 왕실 등 서구사회로 파급되었다. 결국 부르주아 사교계의 관례를 준수하기 위해 지급되었던 '바르게 지키는 행실을 적은 티켓'에서 '옳다고 생각되는 행위'들로 변화하여 일반인에게까지 보편화되어 이것이 오늘날의 에티켓의 유래가 되었다고 한다.
에티켓의 기본은 상대방을 먼저 생각하는 친절한 마음에서 비롯된다. 친절한 감정이 솟아오르면 상대방의 기분을 편안하게 해주려는 생각이 들고, 그렇게 되면 남에게 불쾌한 감정을 주지 않아 주변에 있는 사람에게 예의에 벗어나는 일은 하지 않게 될 것이다. 에티켓은 공식석상에서 지켜야 할 행동에 대한 규범으로서 일반적으로 '지킨다', '지키지 않는다'와 함께 쓰인다.

출처: 김영란 외, 프로패셔널 이미지메이킹, 경춘사, 2012.

Tip 누리꾼 예절(네티켓: netiquette)

누리꾼 또는 네티즌(netizen)은 인터넷 통신망에 형성된 사회에서 활동하는 사람을 뜻하는 말로, 누리꾼 예절이란 인터넷 공간에서 누리꾼이 지켜야 할 예의범절을 의미한다(국립국악원 말다듬기 위원회에서 2015년 7월 6일 기존의 '네티켓'을 순화어인 '누리꾼 예절'로 변경).
인터넷의 발달로 인해 일상의 예절 못지않게 인터넷 공간상의 예절도 중요하게 되었고 각국에서는 이에 대한 기준 마련이 시급해졌다. 이에 따라 1994년 미국 플로리다대학교의 버지니아 셰어(virginia Shea) 교수는 '네티켓의 핵심원칙' 10가지를 다음과 같이 제시하였다.

1. 인간임을 기억하라.
2. 실제 생활에서 적용된 것처럼 똑같은 기준과 행동을 고수하라.
3. 현재 자신이 어떤 곳에 접속해 있는지 알고, 그곳 문화에 어울리게 행동하라.
4. 다른 사람의 시간을 존중하라.
5. 온라인에서도 교양 있는 사람으로 보이도록 하라.
6. 전문적인 지식을 공유하라.
7. 논쟁은 절제된 감정 아래 행하라.
8. 다른 사람의 사생활을 존중하라.
9. 당신의 권력을 남용하지 마라.
10. 다른 사람의 실수를 용서하라.

2. 인사

인사는 많은 예절 가운데서도 가장 기본이 되는 표현으로 인간관계를 원활하게 하는 중요한 역할을 하며 자신의 이미지를 결정짓게 하는 요소이기도 하다.

1) 인사 매너

인사(人事)란, '사람 인(人)' 과 '일 또는 섬길 사(事)' 가 합쳐진 말로서, 사람이 마땅히 하여야 할 일, 사람을 섬기는 일을 뜻한다. 즉, 인사란 '사람의 일의 시작이며 끝' 이라고 할 수 있다. 인격의 표현이자 인간관계의 시작인 인사는 상대방을 존중하고 배려하는 마음과 감사의 마음, 조직의 신뢰감과 원만한 인간관계의 형성에 기여하게 된다. 따라서 올바른 인사예절은 인간의 가장 기본적인 도리이며 인간관계와 원활한 사회생활을 위해서도 잘 습득하도록 해야 한다.

(1) 올바른 자세

인사에 앞서 올바른 자세를 취하여 예의 바른 이미지를 주도록 한다.

① 선 자세

- 시선은 정면을 향하고 턱이 나오지 않도록 당긴다.
- 가슴을 펴고 허리와 등은 곧게 한다.
- 아랫배는 힘을 주어 긴장감을 준다.
- 다리에 힘을 주어 무릎은 가능한 한 붙인다.
- 팔은 자연스럽게 늘어뜨리고 양손은 둥글게 쥐고 하의의 재봉선에 댄다. 여성은 왼손을 아래로, 오른손을 위로 하여 모은다.
- 양발 뒤꿈치를 모으고 발끝을 30° 정도로 벌린다.

② 앉는 자세

- 의자의 30cm 앞에 서서 한쪽 발을 반 걸음 끌어당기고 무릎을 굽혀 수직으로 앉는다. 여성이 경우 스커트 뒷자락을 한 손으로 잡고 앉는다.
- 의자와 등 사이는 주먹 하나 정도의 간격을 두고 앉는다.
- 발과 무릎은 허리 넓이 만큼 벌려 발이 정면을 향하도록 한다.
  여자의 경우 양 무릎을 붙이고 발끝을 모은다.
- 손은 가볍게 쥐어 무릎 위에 놓는다.
  여자의 경우 양손은 무릎 위에 가지런히 포개어 놓는다.
- 턱은 당기고 시선은 정면을 향하고 상대를 본다.
- 일어설 때는 앉는 경우처럼 한 발을 반 걸음 비껴 놓고 수직으로 일어선다.

③ 걷는 자세

- 어깨의 힘을 빼고 등을 곧게 세우고 시선은 정면을 향한다.
- 무릎을 곧게 펴고 배를 당기고 몸의 중심을 허리 높이에 둔다.
- 턱을 당기고 시선은 자연스럽게 정면을 향한다.
- 발 뒤꿈치가 먼저 바닥에 닿도록 하고 걷는 방향이 직선이 되도록 한다.
- 이동 중에는 다른 사람의 통행에 방해가 되지 않도록 한다.
- 발소리가 나지 않도록 체중을 발 앞에 싣고 걷는다.

Tip 좋지 않은 자세

- 양손을 주머니에 넣은 채 걷는 경우
- 방향을 지시할 때 상대를 보지 않고 지시하는 경우
- 바쁘다는 핑계로 뛰어다니는 경우
- 턱이나 손가락으로 안내하는 경우
- 팔짱을 끼거나 뒷짐을 지는 경우
- 중심을 한쪽으로 두고 서 있거나 다리를 꼬고 앉는 경우
- 몸이나 다리를 흔드는 경우
- 남이 보는 앞에서 화장을 고치거나 다리를 벌리고 앉는 경우
- 손으로 머리를 자주 쓸어내리는 경우

(2) 인사의 기본자세

인사는 상대방에게 마음속으로부터 우러나오는 존경심과 친절을 표시하는 형식으로 예의 있게 해야 한다. 인사는 기본적으로 상대에게 먼저 다가가 적극적으로 해야 하며, 자세를 바르게 하고 웃는 얼굴로 상대의 눈을 보며 밝고 건강하게 큰 소리로 한다. 똑바로 서서 정면을 바라보고 하고, 보행 중일 때는 잠시 멈추어 서서 한다. 상대방과 상황에 맞는 내용과 언어 사용으로 마음을 전하는 인사를 하도록 한다.

인사의 기본자세와 동작은 다음과 같다.

단계	인사 동작
1단계	인사해야 할 상대를 향해 정면으로 선다. • 표정: 고개를 반듯이 들고 밝고 부드러운 미소를 짓는다. • 시선: 상대의 눈을 본다. • 어깨: 힘을 뺀다. • 가슴, 등, 허리: 등을 펴고 가슴과 허리를 자연스럽게 곧게 편다. • 손: 남자는 양손을 계란 하나를 쥔 듯 손가락을 가볍게 모으고 엄지손가락을 바지 재봉선에 댄다. 여자는 왼손을 오른손으로 감싸 아랫배에 가볍게 댄다. • 발: 뒤꿈치를 붙인 상태에서 앞부리를 30° 정도로 벌리고 무릎을 구부리지 않고 다리를 가지런히 둔다.
2단계	상체를 숙여 인사한다. • 머리, 등, 허리가 일직선이 유지되도록 하며 정중하게 상체를 숙인다. • 턱: 아래로 약간 당긴다. • 시선: 자연스럽게 향한다.
3단계	숙였을 때 약 1초간 멈춘다.
4단계	숙일 때보다 조금 느린 속도로 천천히 상체를 일으킨다.
5단계	똑바로 서서 시선을 마주치며 미소 짓는다.

바르지 못한 인사	바른 인사
• 주저하며 망설이다 하는 인사 • 말로만 하는 형식적인 인사 • 고개만 끄덕이는 인사 • 무표정한 인사 • 시선을 마주치지 않고 하는 인사 • 아쉬울 때만 하는 인사	• 내가 먼저 하는 인사 • 마음을 담은 인사 • 허리를 굽혀 하는 인사 • 밝은 표정의 인사 • 상대와 눈을 맞춘 인사 • 언제든지 반갑게 하는 인사

Tip 공수(拱手) 자세

우리나라 전통 예법 중의 하나로, 절을 하거나 웃어른을 모실 때, 바르게 선 자세에서 두 손을 포개어 잡아 상대방에게 공손함을 나타내는 자세이다. 남자는 왼손이 오른손등을 덮고, 여성은 남성과 반대로 오른손이 왼손등을 덮게 하여 두 손을 포개어 가지런히 모아 단전에 가볍게 댄다. 흉사(凶事)가 있을 때에는 반대로 한다.

(3) 인사의 종류

인사를 하는 방법은 상황에 따라 크게 목례, 보통례, 정중례 등이 있다.

구분	목례	보통례	정중례
인사			
각도	15°	30°	45°
대상	동료나 부하	일반고객, 상사	중요고객, 높은 사람
상황	복도, 엘리베이터 안, 화장실과 같은 협소한 장소에서	처음 만나거나 헤어질 때 경의를 표할 때	감사나 사과의 뜻을 표현할 때
시선	전방 3～5m 정도	전방 2m 정도	전방 1m 정도

(4) 상황에 따른 인사

① 걸을 때의 인사

2~3m 가까이에 가서 상대를 향해 선 후 기본자세를 취하고 인사하며 상급자가 지나간 후에 움직인다.

② 계단을 오르내릴 때의 인사

우선 간단한 예의를 표하고 신속히 사선걸음으로 계단을 통과한 후 상대 앞에서 인사한다.

③ 앉아서 하는 인사

기본적으로 일어나 자세를 갖추고 인사를 하는 것이 좋으나 부득이하게 전화를 받거나 작업 중일 때는 앉은 자세에서 목례로 인사한다.

Tip 방문 매너

1. 방문 전
- 전화나 이메일 등을 통해 미리 방문목적, 인원, 시간 등을 전한 뒤 상대방의 형편에 맞춰 정확한 약속을 정한다.
- 상대방을 고려하여 사전에 여유 있게 정한다.
- 서신을 통해서 약속을 제의하였을 경우 추후 반드시 확인 전화를 한다.

2. 방문 중
- 일요일이나 공휴일은 방문하지 않는 것이 좋다.
- 이른 아침, 늦은 야간이나 취침시간, 식사시간 등은 피한다.
- 방문시간은 정확하게 지키고 오랜 시간 머물지 않도록 한다.
- 방문의 성격에 따라 옷차림을 달리 해야 한다.
- 장갑을 꼈을 때 현관 앞에서 벗는다.

3. 작별 시
- 자신이 앉아 있던 의자나 방석을 원래 자리 위치로 정리해 놓는다.
- 겉옷은 현관을 나온 후 입는 것이 좋다.
- 신발을 신고 나갈 때 등을 보이지 않도록 주의한다.

4. 방문 시 유의사항
- 매우 친한 사이라 하더라도 반드시 전화 연락 후 방문하는 것이 좋다.
- 안내하는 사람보다 먼저 집안으로 들어가지 않는다.
- 대화 도중 집안을 두리번거리거나 시계를 보지 않는다.
- 여건상 불시 방문 시 용건을 전하고 바로 돌아서 나오는 것이 좋다.

출처: 남혜원 외, 기본매너와 이미지메이킹, 새로미, 2012.

2) 소개 매너

사회생활은 만남에서 시작된다고 할 수 있으며 다양한 장소에서 새로운 사람들을 만나게 되고 서로 소개하며 소개받게 된다. 이는 일상적인 일이지만 기본적인 예의를 염두에 두지 않으면 당황하고 실수하기 쉽다. 따라서 상황에 알맞은 소개 매너를 익혀 상대방에게 자신의 첫 이미지를 보다 인상 깊게 남기도록 한다.

(1) 소개의 기본자세

- 소개를 주고받을 때 상대방을 바라보며 밝은 표정을 짓는다.
- 자신을 소개할 때는 이름을 정확하게 밝히며, 간단한 인사말을 건넨다.
- 상대방을 호칭할 때는 반드시 'Mr', 'Mrs', 'Miss' 등 존칭어를 사용하도록 한다.
- 소개받을 때 상대방의 이름을 주의 깊게 듣고 기억해 주는 것이 예의이다.
- 남성이 여성을 소개받을 때는 일어나서 받는다.
- 여성이 남성을 소개받을 때는 반드시 일어날 필요는 없다.
- 동성끼리 소개받을 때는 서로 일어나서 받는다.
- 환자나 노령인 경우 성직자나 연장자이더라도 앉아서 소개를 받는다.

(2) 소개의 순서

- 손아랫사람을 손윗사람에게 먼저 소개한다.
- 연소자를 연장자에게 먼저 소개한다.
- 남성을 여성에게 먼저 소개한다(여성은 기혼녀를 먼저 소개하고 미혼녀를 나중에 소개한다).
- 사회적 지위가 낮은 사람을 높은 사람에게 먼저 소개한다.
- 후배를 선배에게 먼저 소개한다.
- 회사 내 사람과 손님이 만나는 경우 회사 내 사람을 손님에게 먼저 소개한다.

~누구를	~누구에게
• 손아랫사람	• 손윗사람
• 연소자	• 연장자
• 남성	• 여성
• 하급자	• 상급자
• 상사	• 외부인사

소개 순서

- 사회적 지위나 연령이 비슷한 경우 소개하는 사람과 친한 사람을 먼저 소개한다.
- 양쪽을 소개할 때 극존칭 표현은 피한다.

3) 악수 매너

악수는 상대방에 대한 존경과 반가움의 표현으로 상황에 따라 적절하게 행해져야 한다. 악수는 손을 맞잡고 상하로 흔드는 간단한 동작이지만, 무엇보다도 예절에 벗어나지 않도록 해야 하며, 상대방의 눈을 바라보며 웃음과 함께 마음을 다해 부드럽게 행해야 한다.

(1) 악수의 기본자세

- 자신의 이름을 정확히 말하며, 상대를 바라보고 오른손을 내민다.
- 손을 잡을 때 엄지와 인지 사이의 깊숙한 부분이 맞닿도록 한다. 이때 손은 기분 좋을 정도로 힘 있게 잡는다. 손을 너무 세게 쥐거나 손끝만 내밀고 악수하는 것은 좋지 않다. 계속 손을 잡은 채로 말하지 않는다. 손이 더럽거나 땀이 많이 난 경우에는 상대에게 양해를 구한다.
- 잡은 손을 가볍게 서너 번 흔든다.

(2) 악수하는 순서

- 손윗사람이 손아랫사람에게 먼저 청한다.
- 선배가 후배에게 먼저 청한다.
- 여성이 남성에게 먼저 청한다.
- 지위가 높은 사람이 낮은 사람에게 먼저 청한다.
- 기혼자가 미혼자에게 먼저 청한다.

~누가	~누구에게
• 손윗사람	• 손아랫사람
• 선배	• 후배
• 여성	• 남성
• 상급자	• 하급자

악수 순서

(3) 악수의 에티켓

- 악수 시 남녀 모두 장갑을 벗는다. 단, 행사 때문에 착용하고 있거나 여성이 정장용 장갑을 착용했을 때는 벗지 않아도 된다.
- 손을 너무 꽉 잡거나 상하로 지나치게 흔들어 상대에게 고통을 주지 않는다.
- 윗사람과 악수할 때 윗사람이 흔드는 대로 맡겨두고 여성과는 되도록 흔들지 않는다.
- 인사가 끝나면 바로 손을 놓아야 하며 계속 손을 잡은 채 말을 하지 않는다.

박근혜 대통령과 반기문 UN사무총장의 악수
http://news.joins.com/article/12419319

Tip 악수의 유래

악수는 앵글로색슨계 민족의 남자들이 만났을 때 오른손에 무기가 없다는 것을 보여주며, 싸우지 않고 우호적인 관계를 맺고 싶다는 의미로 오른손을 내밀어 확인시키던 것에서 유래되었다.

4) 명함 매너

명함은 보통 '그 사람의 얼굴이다' 라고 표현할 정도로 한 사람을 상징하는 분신과도 같은 소중한 것이다. 따라서 상대에게 명함을 받았을 때 이를 소중히 다뤄 주는 것이 매너이다. 그러므로 올바른 명함 사용법을 알아두어 상대에게 좋은 이미지를 주도록 한다.

(1) 명함을 줄 때

- 상대방을 처음 보자마자 바로 건네는 것이 아니라 악수를 청한 후에 건넨다.
- 아랫사람이 윗사람에게, 방문자가 먼저 건네는 것이 예의이다.

- 명함을 건네기 전 '명함 하나 드려도 될까요?' 라고 묻는다(식사 중에는 상대방이 요청하지 않는 한 명함을 꺼내지 않는 것이 예의이다).
- 일어선 자세로 상대편의 가슴 높이로 주며 자신을 소개하면서 건넨다. 가슴 높이를 벗어나게 되면 위압감이나 불편함을 줄 수도 있으므로 유의해야 한다. 상대편으로 하여금 편안한 자세를 유지시키는 것이 중요하다.
- 명함은 왼손으로 받쳐서 오른손으로 건네되 상대방이 읽기 좋게 글씨를 상대 방향으로 돌려서 건네도록 한다.
- 명함을 건네면서 본인의 회사명과 이름을 분명하게 말한다. 자신감 있는 목소리로 자신을 소개할 문구를 생각하는 것이 좋다. 회사명, 부서명, 이름 순서로 말한다.

  예 '안녕하세요, ○○○회사 ○○○부 ○○○ 대리입니다.'
- 명함을 동시에 교환할 경우 상대가 내민 명함의 높이보다 낮은 위치에서 내민다.

(2) 명함을 받을 때

- 일어서서 받고 감사인사를 한다.
- 받은 명함은 그 자리에서 보고, 읽기 어려운 글자나 명함 내용 중 궁금한 것이 있으면 그 자리에서 물어본다.
- 명함 교환 시에는 두 손으로 주고 두 손으로 받는 것이 원칙이지만, 동시에 명함을 주고받는 상황에서는 오른손으로 주고 왼손으로 받는다. 사실 동시에 명함을 주고받게 되는 상황이 제일 많다.
- 회의 시작 시 명함을 주고받은 경우, 자신의 왼편에 명함을 놓는다. 오른편에 놓으면 다른 문서들과 잘 섞일 수 있기 때문이다. 여러 명과 회의를 하는 경우, 상대방이 앉은 위치대로 명함을 테이블에 놓는 것이 회의 시 도움이 된다.

(3) 명함 보관방법

- 명함은 항시 명함지갑에 구겨지지 않도록 깨끗하고 바르게 넣어 보관한다. 그 어느 누구도 자신의 명함이 구겨진 채 아무 곳에나 방치되는 것을 원하진 않을 것이다.
- 명함은 항상 넉넉하게 준비한다. 면담 예정자 한 사람에 대하여 최저 3장 이상의 명함을 준비하는 것이 좋은데, 미팅 시 명함이 부족하다면 자신을 제대로 어필할 수 없고, 준비성이 없다는 인상을 얻기 쉽다.
- 받은 명함은 뒷면에 메모를 하여 명함철에 잘 정리해 둔다. 명함 이면에는 만난 날짜, 장소, 같이 만난 사람과 대화내용의 특이사항 등을 간단하게 메모해 둔다.

5) 전화 매너

전화는 상대방의 얼굴을 직접 보지 않고 대화하기 때문에 전화를 받고 걸 때의 적절한 요령과 매너를 갖추지 않고 있으면 자칫하여 실수하기 쉽고 오해가 발생할 소지가 많으며, 전화 한 통이 그 사람과 소속된 전체의 이미지를 결정하는 요소가 되므로 주의해야 한다. 전화는 음성을 통해서만 의사가 전달되기 때문에 정확한 언어 사용과 정중한 표현 등을 고려해야 하며, 전화 응대 시 사소한 부주의로 인해 뜻하지 않은 오해가 생기지 않도록 주의가 필요하다.

(1) 전화 응대의 기본자세

- 정확한 메시지 수신을 위해 항상 메모를 준비한다.
- 항상 미소 띤 목소리로 통화하며 인사로 시작하고 인사로 끝을 맺는다. 전화 응대 시 인사와 더불어 자신의 소속과 이름을 밝힌다. 용건이 급하다고 해서 자신의 말만 앞세우거나 재촉하는 것은 상대방에게 나쁜 이미지를

☎ 전화왔습니다!	
수신 시간	2016년 월 일 시 분
발신자	
통화 내용	□ 연락해 달라고 하심 □ 다시 전화하겠다고 하심 □ 그냥 알겠다고 하심 □ 전달할 내용은 __________ __________ __________ __________
수신자	

전화용 메모지

주기 때문에 피해야 한다.

- 내용을 정확한 발음으로 전달한다. 상대방이 이해하지 못하는 전문용어나 정확하지 않은 단어는 피하고 중요한 부분은 강조하여 말한다.
- 간결하고 명료하게 한다. 통화하기 전 용건을 미리 준비하여 불필요한 말을 반복하여 사용하지 않는다.
- 정중하고 정성스럽게 한다. 통화 시 상대방의 말을 미리 짐작하여 응대하거나 말을 가로채지 않는다. 지나친 반응이나 단어를 사용하지 않는다.

(2) 전화를 받을 때

- 신호가 2~3회 울린 뒤 바로 받도록 하며, 늦게 받게 되면 사과의 말을 전한다.
- 인사말과 소속 · 이름을 말하며, 밝은 음성과 적당한 음량으로 말하여 상대방에게 기분 좋은 느낌을 준다.

예 '안녕하십니까? 기획실 홍길동입니다.'

- 상대방이 누구인지 확인한다.
- 가까운 곳에 필기도구와 메모지를 준비하여 용건을 경청하며 메모하도록 한다. 용건과 의문사항을 정확하게 확인하며 적는다.
- 용건이 끝났으면 재차 확인하고 끝인사를 한다.
- 상대방이 끊는 것을 확인한 후 수화기를 내려놓는다.

(3) 전화를 걸 때

- 전화 걸기 전 상대방의 시간과 장소, 상황을 고려하여 전화 통화를 결정한다.
- 통화 전 용건을 6하 원칙(언제, 어디서, 누가, 무엇을, 어떻게, 왜)에 따라 간결하고 정확하게 미리 정리해 두고, 필요서류와 필기도구 및 메모지를 준비한다.
- 통화 연결 후 자신을 밝히고 상대방을 확인한다.
- 밝은 목소리로 간단히 인사한 후 바로 미리 준비한 용건을 결론부터 말한다. 말하는 순서는 중요한 결론을 먼저 말하고 이에 따른 세부사항을 필요에 따라 덧붙여 말한다.
- 용건이 끝났으면 끝인사를 한다.
- 상대방이 끊는 것을 확인 후 수화기를 내려놓는다.

(4) 전화 응대 시 유의사항

- 아침 9시 이전이나 저녁 10시 이후에는 가정집에 전화하지 않는 것이 예의이며, 부득이한 경우라면 먼저 사과부터 한다.
- 외국으로 전화할 때는 시차를 고려한다.
- 통화를 마친 후 상대방이 윗사람이라면 먼저 수화기를 놓아서는 안 된다.
- '잠시만 기다려 주십시오'는 30초에서 1분을 의미한다.
- 통화 중에 껌을 씹거나 음식물 섭취를 금한다.
- 상대방에게 통화가 가능한지를 묻고 통화한다.

- 상대방을 기다리게 했을 경우 '기다리게 해서 죄송합니다' 또는 '기다려 주셔서 감사합니다' 라고 한다.

3. 식사

식사 매너는 그 사람의 교양을 나타내며 함께 식사하는 사람들과 맛있는 음식을 나누고, 즐거운 식사를 하기 위해 기본적인 매너가 있다. 손님을 초대해서 식사를 하거나 초대받아 식사를 할 경우 조금만 신경을 써서 매너를 익힌다면 매력적인 사람이 될 수 있다.

1) 식사 전 매너

(1) 예약

- 예약 시 일자, 시간, 인원 수, 성명, 연락처, 원하는 장소(방 또는 테이블)를 알린다.
- 상대방으로부터 확인한다. 착오를 방지하기 위하여 가능하면 요일도 확인한다.
- 접대 시에는 예산을 미리 알려준다.
- 예약은 대부분 7~10일 전에 한다.
- 레스토랑은 예약 일시에 맞추어 테이블 세팅과 요리를 준비하기 때문에 모임이 취소되었을 경우에는 반드시 예약을 취소해야 한다. 예약 취소는 최소 하루 전에 하며, 취소자의 성명을 알려준다.

(2) 착석

- 레스토랑 도착 시 이름과 예약사항을 확인한다.
- 예약 확인 후 큰 가방이나 두꺼운 코트 등 간단한 소지품을 맡기는 것이 좋다.
- 레스토랑 안으로 들어설 때는 여성을 앞세운다.
- 좌석은 빈자리 아무 데나 앉는 것이 아니라 웨이터가 정해준 자리에 앉는 것이 원칙이다.
- 이때 웨이터가 의자를 빼주는 자리가 상석(上席)이므로 그 모임의 주빈(主賓)이나 여성이 먼저 앉도록 한다. 일반적으로 출입구에서 가장 먼 곳, 벽을 등지고 있거나 창문이 있는 경우, 전망이 좋은 곳이며, 통로 쪽이 말석(末席)이다.
- 여성의 핸드백은 테이블 위에 올려놓지 않도록 하고 의자 뒤에 놓는다.
- 식사 시 자리는 테이블과의 거리가 주먹 두 개 정도의 거리가 적당하다.
- 자리에 앉자마자 냅킨을 펴는 것은 실례로 전원이 착석한 후 조용히 앉아서 다른 사람들이 펴고 식사가 시작되면 자연스럽게 펴도록 한다.

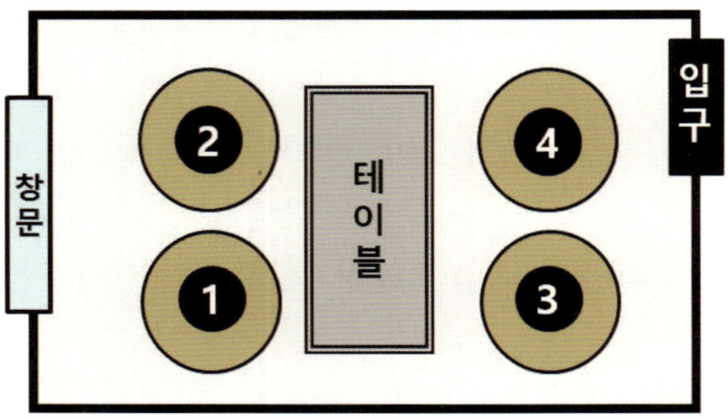

레스토랑에서의 상석 위치

Tip 상석(上席)의 위치

상석은 높은 자리를 의미하는데, 일상생활 어디에서든지 반드시 상석이 있고 이에 따른 예절이 있다. 상석에 대한 이해가 없다면 자신도 모르는 사이에 큰 결례를 범하게 되고 윗사람에게는 예절을 알지 못하는 사람으로 좋지 않은 인상을 줄 수 있다. 따라서 주변에서 쉽게 접할 수 있는 장소에서의 예절을 알아두는 것이 좋다. 일반적으로 상석은 입구에서 먼 쪽이나 정면이, 좌(左)측보다는 우(右)측을 말하며, 여성이 남성보다 상석에 위치한다.

(3) 메뉴

메뉴는 식사 때 나오는 차림표, 즉 식단이란 뜻으로, 요리에 관한 상세한 목록인 동시에 가격표이다. 정식 만찬의 메뉴는 오늘날에도 프랑스어로 쓰는 것이 관례이며, 메뉴에는 정식요리, 일품요리, 특별요리, 뷔페가 있다.

① 메뉴의 주문

- 웨이터가 메뉴판을 가져오면 천천히 살펴본 후 선택한다.
- 메뉴는 왼쪽 윗부분부터 차례로 보고, 첫 페이지만 보고 주문해서는 안 된다.
- 음식 이름을 모른다고 해서 다른 사람이 먹고 있는 것을 손가락으로 가리키며 주문하는 것은 실례이다. 이때는 웨이터에게 추천을 받아 주문한다.
- 주문 시 여성과 초대손님이 먼저 주문하는 것이 예의이다.
- 초대받은 경우, 상대방을 의식해 너무 비싸거나 너무 싼 음식은 피하고 중간 가격대의 메뉴를 주문하는 것이 좋다.
- 웨이터를 부를 때는 손을 가볍게 들어 표시하거나 이쪽을 보지 않을 때는 작은 소리로 'Excuse me' 라고 부른다.
- 메뉴는 메인코스(main course)를 먼저 선택한다.
- 스테이크는 익히는 정도를 기호에 따라 선택한다.

- 메인코스에 맞춰 전채요리를 선택한다.
- 메인코스 식사를 마친 후 디저트를 주문한다.

Tip 스테이크를 굽는 정도

- 레어(rare): 표면만 굽는 것, 자르면 빨간 육즙이 나오는 것
- 미디엄 레어(medium rare): 미디엄보다 약간 덜 익히는 것
- 미디엄(medium): 불은 통과했지만 전체적으로 빨간 상태인 것
- 미디엄 웰던(medium well-done): 미디엄보다 약간 더 익히는 것
- 웰던(well-done): 속까지 완전하게 익히는 것

② 메뉴의 유형

■ 정식요리(table d' hote)

풀코스 세트 메뉴로 특별 연회석에서 서비스되는 정식 메뉴를 말하고 코스와 가격이 일괄적으로 정해진다. 정식만찬(full course dinner)의 순서는 다음과 같다.

- 식전주(aperitif)
- 전채요리(appetizer) / 오드볼(hors d'oeuvres)
- 수프(soup)
- 빵(bread)
- 생선요리(fish)
- 셔벗(sherbet)
- 주요리(main dish) / 앙트레(entree)
- 육류요리(roast)
- 샐러드(salad)
- 치즈(cheese)
- 디저트(dessert)

• 커피 또는 홍차(coffee or tea)

• 프렌치 페이스트리(french pastry)

양식 풀코스 세팅

1. 쇼 플레이트 2. 냅킨 3. 수프 스푼 4. 에피타이저 나이프
5. 생선용 나이프 6. 육류용 나이프 7. 육류용 포크 8. 생선용 포크
9. 샐러드 포크 10. 빵 플레이트 11. 버터 나이프 12. 디저트 포크
13. 디저트 스푼 14. 워터 잔 15. 레드 와인 잔 16. 화이트 와인 잔
17. 샴페인 잔

■ 일품요리(a la carte)

메뉴 중에서 자신이 선호하는 요리를 선택하여 주문하는 형식을 말한다. 세트 메뉴와 상반되는 개념으로 통상 레스토랑에서 메뉴를 보고, 자신이 원하는 음식을 골라 주문하는 것이다. 음식순서는 오드볼 → 수프 → 앙트레(생선 또는 육류) → 커피순으로 주문한다.

■ 특별요리(special menu)

계절에 따라 혹은 호텔의 요리 이벤트와 관련해서 특별요리를 두세 가지 코스로 만들어 그 중에서 손님이 선택할 수 있게 한 것이다.

2) 식사 중 매너

(1) 올바른 식사 매너

- 식사 속도는 주위 사람들보다 빠르거나 느리지 않도록 속도를 맞춘다.
- 자신의 요리가 나오자마자 급히 음식에 손을 대지 않는다.
- 식사를 하며 대화하는 것도 매너의 하나이다. 단, 입안에 음식을 넣은 상태로 우물거리면서 말하지 않는다. 먹는 도중 누군가가 말을 하면 일단 고개를 끄덕이며 제스처를 취한 후 음식을 삼킨 후에 대답한다. 또한 상대가 음식을 입안에 넣었을 때는 말을 시키지 않는다.
- 음식을 씹거나 음료를 마실 때 입술을 다물고 음미하며 소리가 나지 않도록 하여 동석한 사람에게 불쾌감을 주지 않도록 한다.
- 식사 시 자세를 바르게 하고 손은 무릎 위나 테이블 가장자리에 가볍게 올려놓는다. 테이블 위에 팔꿈치를 올리거나 턱을 받치지 않으며 다리를 꼬거나 하는 행동을 삼간다.

(2) 냅킨과 포크 사용법

① 냅킨 사용법

- 전원이 착석한 후 옆 손님과 한두 마디 이야기를 나눈 다음 천천히 자연스럽게 펴는 것이 좋다.
- 냅킨이 두 겹으로 접힌 상태에서 반으로 접어진 쪽을 자기 앞으로 놓는다.
- 수건 대용으로 사용하여 얼굴이나 손, 목 등의 땀을 닦는 것은 삼간다.
- 물을 엎질렀을 때에는 냅킨으로 닦지 말고 웨이터를 부르도록 한다.
- 냅킨은 입술을 닦거나 핑거볼을 사용하였을 때 손가락을 가볍게 닦는 정도로 사용한다.
- 냅킨으로 입을 닦을 때는 모서리나 가장자리를 사용하며, 여성의 경우 립스틱이 묻지 않도록 주의한다.
- 냅킨을 테이블 위에 놓아두면 식사가 끝났다는 것으로 해석되어 웨이터가

요리 접시를 가져갈 염려가 있으므로 잠깐 자리를 떠날 경우 냅킨은 의자 위에 놓고 나가는 것이 좋다.

- 식사가 끝나면 적당히 접어 테이블 왼쪽이나 앞에 놓도록 한다.

② 나이프와 포크의 사용법

- 나이프와 포크는 가운데 접시를 중심으로 나이프는 오른쪽으로, 포크는 왼쪽으로 잡고 밖에 놓인 것부터 순서대로 사용한다.
- 스테이크는 왼손의 포크로 고기를 누르고 오른손 나이프로 입에 들어갈 정도의 크기로 잘라 왼손 포크로 찍어 먹는다.
- 나이프와 포크를 동시에 사용하며 고기를 자를 때에는 끝이 직각이 되도록 하며 팔목 부위만을 사용하여 자르도록 한다.
- 식사 중의 나이프와 포크는 접시 양 끝에 걸쳐 놓거나 접시 위에 서로 교차해서 놓으며, 포크의 경우 접시 위에 엎어 놓는다.
- 나이프나 포크를 떨어뜨렸을 때에는 웨이터에게 새 것으로 부탁한다.
- 나이프는 사용 후 칼날이 자기 쪽으로 오도록 놓아야 한다.
- 나이프를 이용하여 음식물을 입안에 넣지 않는다.
- 식사가 끝났을 때는 접시 중앙의 윗부분에 나란히 놓는다.

식사 중

식사 후

3) 와인 매너

(1) 와인 선정

와인에 대해 잘 모를 경우에는 하우스 와인(house wine)을 주문하는 것이 좋다. 하우스 와인은 레스토랑에서 음식과 가장 잘 어울리는 와인으로 추천하는 것이다.

일반적으로 생선요리에는 차갑고 산뜻한 백포도주(white wine)를 육류요리에는 실온에서 저장된 적포도주(red wine)를 선택하지만, 와인의 지식이 있다면 입맛에 따라 와인 리스트를 보고 소믈리에(sommelier) 또는 웨이터와 상담하여 음식에 맞는 와인을 선정한다. 또한 와인의 가격은 다양하므로 예산을 고려하여 주문하고, 스위트(달콤한) 맛, 드라이(씁쓸한) 맛, 가볍고 산뜻한 맛, 묵직하고 깊은 맛 등 다양하므로 기호에 따라 선정하며, 와인의 주문 순서는 다음과 같다.

- 와인은 식사 메뉴를 주문한 후에 선택한다.
- 가격과 기호 등을 소믈리에나 웨이터, 웨이트리스에게 전하고 추천을 받는다.
- 와인은 모두가 마시기 전에 먼저 호스트가 테이스팅을 한다.
- 테이스팅은 와인이 상하지 않았는지 확인을 하기 위한 것이다.
- 품질이 확실히 변질된 경우를 제외하고 맛이 본인의 취향에 맞지 않는다고 해서 바꿀 수는 없다.

(2) 와인 테이스팅

- 웨이터가 주문한 와인을 가져와 라벨을 보여주며 이를 확인한다.
- 주문자가 OK 사인을 하면 오픈하여 주문자의 잔에 술을 따라 준다.
- 잔의 긴 스템(stem) 부분을 들고 와인을 빛에 비춰 보고 색을 체크한다.
- 잔을 테이블 위에 놓고 스템 부분을 잡은 채 2~3회 원을 그리듯 돌린다.
- 조용히 잔을 들어 향을 맡아 본다.
- 소량을 입에 머금고 맛을 음미한다.

• 문제가 없으면 소믈리에 또는 웨이터에게 '좋습니다. 모두에게 주세요' 등의 말로 OK 사인을 보낸다.

(3) 와인 마시는 법

• 와인은 요리와 함께 마시기 시작해서 요리와 함께 끝내는 식중주로, 디저트가 나오기 전까지만 마시도록 한다.
• 입안에 음식물이 들어 있는데 와인을 마신다든지, 요리를 계속 먹다가 와인 역시 몇 잔씩 연속해서 마시면 와인의 참맛을 느낄 수 없다.
• 와인을 마실 때는 스템(다리) 부분을 쥐고, 건배할 때도 잔과 잔을 부딪치지 않는다. 잔을 얼굴 높이로 들고, 주위사람들과 눈으로 건배를 한다.
• 와인 잔을 브랜디 잔처럼 잡거나 컵 부분을 잡으면 와인이 따뜻해져 맛이 변하므로 올바른 방법이 아니다.
• 와인을 마실 때는 한 번에 많이 들이키지 말고 조금씩 음미하는데, 이때 스테이크 두 번에 와인 한 번 정도가 적당하다.
• 여러 종류의 와인을 함께 마실 때는 반드시 가벼운 와인부터 시작해 맛이 강한 와인순으로 마신다.

4. 서비스

1) 서비스 매너

(1) 서비스의 개념

서비스의 어원은 라틴어로 'servitium(노예봉사)' 이며, 'sevrus' 에서 오늘날 사용하는 'service'로 정착되었다. 초기에는 계급사회이던 고대와 중세 봉건제도 하에서 왕실, 귀족 등의 특권층을 대상으로 한 '노예계층의 의무적인 성격을 지닌 봉사행위'의 개념으로 인식되었으나 시대와 사회가 변화하면서 서비스의 개념이 변하였다.

현대적 개념의 서비스의 의미를 살펴보면 다음과 같다.

- **무료제공의 의미**: 식사 후 제공되는 후식이나 주문하지 않은 서비스의 제공
- **사후관리의 의미**: 에프터 서비스(after service), 즉 물품판매 후 고장수리, 고객관리를 통한 정보제공
- **봉사의 의미**: 의료서비스, 민원서비스, 통신서비스 등으로 보수를 바라지 않고 혜택에서 소외된 대상을 중심으로 행해지는 봉사활동
- **친절한 행위의 의미**: 환대, 호텔이나 레스토랑에서 고객을 상대로 접대하는 서비스의 본질적인 의미

서비스(service)의 의미를 다음과 같은 단어로 나타낼 수도 있다.

- S: Sincerity – 성의를 다하는 마음으로 행하는 응대
  Speed – 상대의 시간을 소중하게 생각하는 신속한 응대
  Smile – 상대가 편안함을 느낄 수 있도록 하는 부드러운 응대
- E: Energy – 상대에게 활력을 느낄 수 있도록 하는 밝은 응대
- R: Revolutionary – 혁신적이고 창의적인 응대
- V: Valuable – 상대에게 가치를 제공할 수 있는 응대
- I: Impress – 상대에게 감동을 줄 수 있는 응대
- C: Communication – 상대와의 원활한 의사소통을 통한 효율적인 응대
- E: Entertainment – 상대에게 즐거움을 제공해 줄 수 있는 응대

(2) 서비스의 특성

이러한 서비스의 특성으로는 무형성, 소멸성, 이질성, 동시성을 들 수 있다.

① 무형성

서비스의 가장 기본적인 특징으로 서비스는 보거나 만질 수 없는 주로 사람의 행동이나 과정으로 이루어지기 때문에 이를 제공받는 사람은 유형의 제품보다 상대적으로 인식이 곤란하다. 또한 경험하기 전까지는 그 내용과 질을 판단하는 것이 매우 어렵고 객관적이기보다는 주관적으로 판단되어진다.

② 소멸성

서비스는 제품과 달리 이용고객에게 전달되는 동시에 소멸되어진다. 따라서 재고 형태로 보존할 수가 없으며 한 번 제공된 서비스는 원상태로 환원되기 어렵다.

③ 이질성

서비스가 생산되고 전달되는 것은 고객 · 시간 · 환경 · 직원에 따라 서비스의 내용이나 질이 다를 수 있다. 같은 사람이더라도 그의 상황에 따라 서비스는 달라질 수 있다. 고객의 다양한 욕구로 인해 서비스의 표준화가 어렵다.

④ 동시성

서비스는 생산과 소비가 동시에 일어난다. 아무리 훌륭한 환경과 제품을 갖추고 있다 하더라도 소비자가 이용하지 않는다면, 서비스의 생산과 소비가 발생할 수 없다.

2) 고객과 서비스

(1) 고객의 개념

고객(顧客)은 경제에서 창출된 재화와 용역을 구매하는 개인이나 가구를 일컫는다. 어원을 보면, '돌아볼 고(顧)'는 '돌보다, 찾아보다, 사랑하다, 보살피다'

를 의미하며 '손님 객(客)' 은 '사람, 단골손님, 손님' 등을 의미하여 상점에 물건을 사러 오는 손님을 말하며, 영어로는 'guest, customer, consumer' 등으로 불린다.

기업에서 소비자는 잠재적으로 제품이나 서비스를 구매할 가능성을 가진 모든 구성원을 의미하며, 고객은 기업이 상품이나 서비스를 생산하고 전달하고 소비하는 전 과정에서 기업경영활동에 영향을 미치는 모든 사람과 조직을 뜻한다. 서비스사회에서는 '내게 기대를 갖는 모든 사람' 이 고객이 될 수 있다. 그에 따라 동료, 상사, 후배 등도 '내부고객' 이라 볼 수 있다. 기업에서는 '고객' 을 자사의 제품과 서비스를 구매한 경험이 있는 소비자를 의미하는 반면, '소비자' 는 자사의 제품과 서비스를 구매한 적이 없는 일차적 차원의 소비자까지도 포함한다. 따라서 기업에서는 주로 '고객서비스' 란 용어를 사용한다.

(2) 고객서비스의 중요성

기업에서는 고객 중에서 지속적인 관계를 유지하는 사람을 고정고객이라고 하며 마케팅활동은 소비자와의 거래형성을 통해 만족한 고객을 만들고 이를 유지함으로써 고정고객을 만들어 가는 것이다. 고객만족(Customer Satisfaction: CS)이란 고객이 상품이나 서비스를 구매하여 사용하는 과정에서 만족과 신뢰감이 높아져서 재구매, 추가구매, 반복구매를 통한 고객유지와 만족한 고객의 추천을 통한 신규고객 획득이 이루어지는 상태를 의미한다. 순간의 만족으로 끝나는 것이 아니라 그것이 지속적으로 유지될 때 비로소 진정한 고객만족이라고 할 수 있다. 고객만족은 단순한 친절이나 인사 잘하기가 아니라 고객이 원하는 것을 충족시켜 주는 것이 핵심이며, 고객만족을 높이기 위해서는 고객의 기대를 충족시킬 수 있는 제품을 제공하고 고객의 불만을 효과적으로 처리하는 것이 중요하다.

(3) MOT(Moment Of Truth)

고객에게 서비스를 제공할 때 서비스 제공자가 고객과 접촉하는 순간 가장 중요한 활동이 이루어진다는 것을 잊지 말아야 한다. 즉, 이때가 고객서비스를 결정짓는 순간이고 이 순간이 바로 고객이 서비스를 평가하는 시점인 것이다. 이러한 순간을 MOT(Moment Of Truth: 진실의 순간)라고 한다.

MOT는 스페인의 투우경기에서 투우사와 소가 1:1로 맞서는 순간인 'Moment De La Verdad'를 영어식으로 표현한 것으로서, 투우사가 소의 급소를 찌르는 순간, '피하려 해도 피할 수 없는 순간' 또는 '실패가 허용되지 않는 매우 중요한 순간'을 의미하기도 한다. 따라서 MOT는 '결정적 순간'이란 의미가 적합하다.

MOT는 고객이 조직의 한 부분과 만나는 접점(接點)으로서 고객과 접(接)하는 모든 순간들을 의미한다. 고객으로부터 전화를 받는 순간, 고객을 응대하는 순간, 고객이 원하는 상품을 받아보는 순간, 대금청구서를 받아보는 순간 등등, 모든 고객과 접촉하는 순간들을 고객의 접점 또는 MOT라고 하는데, 서비스 제공조직과 품질에 대한 인상이 결정되는 순간 매장에서는 매 분, 매 초마다 고객과의 MOT가 발생하고 있다. 고객과 기업(종업원, 직원)이 서비스접점(MOT)에서 노출되는 순간 고객의 품질평가가 이루어지게 되고 이는 기업 전체의 이미지로 이어져 기업의 성패를 좌우할 정도로 매우 중요하다. 이같이 서비스 제공자가

MOT에 따른 고객만족의 핵심요소

구분		핵심요소
hard	시설	• 쾌적성, 편리성, 안정성 • 점포 수, 위치
	상품	• 신제품 개발, 품질, 다양성 • 상품구색 및 진열
soft	제도	• 업무처리 현장 권한, 규정 • 업무처리 구비서류
	프로세스	• 업무처리 절차 및 처리 속도 • 고객중심 플로우(flow)
human	응대	• 친절성, 호감성 • 서비스기준 이행
	상품지식	• 상품 및 업무관련 지식 • 고객가치에 대한 지식

고객과 접촉하는 순간은 매우 중요한 시점으로 스칸디나비아 항공사(SAS)의 사장이었던 얀 칼슨(Jan Carlzon)은 이 순간을 한마디로 '진실의 순간'이라 이름 붙였다. 따라서 고객에게 서비스를 제공하는 순간에는 단 1초라도 소홀히 하지 말아야 하며 최선을 다하여야 한다.

고객접점(MOT)의 3대 요소는 시설, 설비, 유니폼, 청결도 등 가시적인 요소인 하드웨어(hardware)와 마일리지시스템 등 지원시스템과 업무절차 등 비가시적인 요소인 소프트웨어(software), 인적자원요소인 휴먼웨어(human-ware)를 말하며, 최고의 서비스는 시설, 시스템은 물론 훌륭한 인적서비스를 제공해야만 고객의 이미지에 각인되고 고객과의 좋은 관계가 형성되고, 고객의 충성심을 끌어낼 수 있다.

3) 고객응대

(1) 고객서비스 마인드 10가지

① 확고한 직업의식을 가져라

아마추어리즘에서 벗어나 프로의식을 갖고 고객을 대하라.

② 고객의 입장에 서라

서비스평가의 주체가 고객임을 잊지 말아야 한다. 서비스의 평가자인 고객의 편에서 생각해서 성심성의껏 정성을 다하여야 한다.

③ 원만한 성격을 가져라

외부고객뿐만 아니라 내부고객인 직장 내 동료들과도 소통하며 원만한 대인관계를 이루어야만 서비스도 자연스럽게 드러난다.

④ 고객의 마음을 잡아라

고객은 사소한 것에도 마음이 흔들릴 수 있다. 고객의 마음이 돌아서지 않도록 마음을 사로잡아야 한다.

⑤ 긍정적으로 사고하라

이 세상은 내가 생각하는 것에 따라 달라 보인다. 항상 긍정적인 사고를 통해 긍정적인 이미지를 보이도록 한다.

⑥ 공과 사를 구분하라

친분이 있는 고객과 그렇지 않은 고객, 유명 인사나 오너 등을 보이지 않게 차별하기 쉽다. 이들에게 타 고객과 차별되는 행동이나 서비스를 제공하게 되는 경우 타 고객들에게 불만을 초래할 우려가 있으니 주의해야 한다.

⑦ 자신만의 원칙을 고수하라

자신은 개인이 아닌 한 기업의 소속원이며, 그 기업의 얼굴이나 마찬가지이다. 즉, 자신의 외모와 태도 등을 통해 기업의 이미지가 인식될 수도 있다. 따라서 항상 고객과의 신뢰를 우선으로 하고 항상 바른 자세와 깔끔하고 단정한 옷차림에 항상 밝은 모습을 유지한다.

⑧ 참아내라

훌륭한 서비스맨이 되기 위하여 고객의 불평을 사전에 예방하고 설령 고객에게 불평을 듣더라도 절대 반발하거나 동요하지 않고 긍정적으로 사고하며 참아낸다.

⑨ 자신감을 가져라

고객을 대할 때 절대로 자신감을 잃지 말아라. 자신감 있고 활기찬 모습은 고객에게 긍정적인 이미지로 보여진다.

⑩ 개선을 위해 노력해라

진정한 서비스맨은 반성과 개선을 통해 만들어지므로 끊임없이 반성하며 개선하도록 노력한다.

(2) 고객서비스의 5S원칙

Smile	고객들은 즐겁고 명령한 분위기를 선호한다. 점내에서 서비스를 담당하고 있는 서비스맨의 표정은 항상 밝고, 깨끗한 미소가 넘쳐 흘러 고객을 즐겁게 할 수 있도록 해야 한다.
Speed	고객은 기다림에 관대하지 않다. 주문받은 상품이나 고객의 요구사항 등에 따른 모든 서비스는 단시간 안에 이루어져야 한다.
Sincerity	고객은 상대가 예의 바른 정중한 태도로 자신을 맞아 주기를 기대한다. 성심을 다한 마음이 담긴 서비스야말로 서비스맨이 이상으로 삼아야 하는 것이다.
Safety	서비스 포인트 중의 하나가 고객의 안전이다. 이는 주차장, 이동로 등 시설의 안전성에서부터 심리적 안정성까지를 포함한다.
Security	개인의 비밀을 보장하는 것은 고객을 대상으로 하는 업체의 서비스와 VIP 마케팅의 기본이다.

(3) 고객서비스 화법

① 서비스 화법 10가지

- 호의와 열의를 가지고 성의껏 말하라.
- 항상 부드러운 미소로 상냥하게 말하라.
- 목소리 크기와 말의 속도는 TPO에 맞게 하라.
- 시선은 상대를 향해 말하라.
- 칭찬하라.
- 잘 듣고 맞장구쳐라.
- 똑똑한 체하지 마라.
- 상대의 입장을 존중하라.
- 침착하게 말하라.

• 정중하고 품위 있게 말하라.

② 5대 금지용어와 접객용어

5대 금지용어	5대 접객용어
• 안 됩니다. • 없습니다. • 모릅니다. • 못 합니다. • 제 소관이 아닙니다.	• 안녕하십니까. • 무엇을 도와 드릴까요? • 감사합니다. • 죄송합니다. • 안녕히 가십시오.

③ 서비스 언어원칙

• 진솔한 마음을 담아 정중한 경어의 사용

• 명령형이 아닌 의뢰형으로 사용

예 '기다리세요' 대신 '기다려 주시겠어요?', '말씀하세요' 대신 '말씀해 주시겠어요?'

• 쿠션법 사용

예 '죄송합니다만', '바쁘시겠지만', '번거로우시겠지만'

• You-message 대신 I-message 화법

예 '(You) 이쪽으로 오세요' 대신 '(제가) 테이블로 안내해 드리겠습니다'

• 플러스화법

예 '피팅 시 화장이 옷에 묻으면 안 됩니다' 대신 '피팅룸에 페이스 커버가 준비되어 있습니다'

• Yes, But화법(긍정화법): 상대의 말에 일단 긍정으로 표현

예 '네, 고객님. 제가 알아봐 드리겠습니다. 그런데 고객님. 확인해 보았으나 조금 힘들 것 같습니다'

④ 서비스 3대 용어

• 예: 가장 간단한 용어로 긍정의 의미를 내포하며 고객의 입장을 '이해한다'

또는 '돕겠다' 는 뜻이다.

- 감사합니다: 거절하는 표현도 영어에서는 'No, Thank you' 를 사용할 정도로 'Thank you' 는 생활용어이다.
- 죄송합니다: 'Thank you' 만큼이나 일상화된 생활용어가 'Excuse me' 이다.

4) 고객관리

(1) 단골고객

어느 매장이라도 그 매장을 주로 이용하는 고객의 거주지역은 대략 일정한 범위가 있다. 이것을 그 상점의 상권이라고 하며, 이 상권에는 다양한 유형의 소매점이 있다. 이러한 점포 가운데 어떤 특정 점포를 즐겨 애용하는 사람을 가리켜 단골, 즉 고정고객이라고 하는데, 점포의 고객만족요인인 상품, 서비스, 기업 이미지, 점포 이미지와 개개인의 만족요소가 일치하는 경우 그 만족요소를 찾아 꾸준히 내점하는 고객을 말한다.

Tip 단골고객을 관리하는 서비스방법

- 고객서비스의 실천을 생활화하라.
- 고객의 이름과 개인적 특성을 파악하고 기억하라.
- '상품 + α' 의 서비스가 아니라 '상품 × α' 의 서비스를 하라.
- 단골고객이 우리의 보수와 승진까지도 보장한다는 사실을 기억하라.
- 고객이 나를 위해 존재하고 내가 고객을 위해 존재한다는 상생의 원리(win-win)를 실천하라.
- 고객은 기분 좋은 일은 잊어버려도 기분 나쁜 일은 오래 기억한다는 사실을 명심하라.

(2) 불만고객과 대응

매장은 단순히 상품을 판매하는 장소가 아니라 고객에게 즐거움을 제공하는 곳으로 이해되어야 한다. 그러나 매장에서는 여러 가지 원인에 의해 끊임없이 분쟁이 발생하고 이를 처리해 나가고 있다. 서비스에서 가장 중요한 것은 고객의 불만원인을 제거하는 것인데, 요즘은 고객의 욕구가 높아지고, 서비스의 경쟁이 심해져 고객은 마음이 조금만 상해도 그 회사를 이용하지 않는다.

고객불만의 원인으로는 크게 회사의 문제(제도나 상품)나 고객 자신의 문제, 그리고 직원에 대한 문제가 있다. 이 중 고객불만의 가장 큰 원인으로는 직원들의 고객응대과정에서 비롯되는데 고객불만의 원인들을 분석해 보면 다음과 같은 것들이 있다.

- 고객의 기대에 못 미치는 서비스응대
- 지연서비스
- 직원의 실수와 무례한 태도
- 단정적 거절
- 약속의 불이행
- 책임전가 등

불만고객은 처음에는 회사문제로 시작된 불만이 중간에 직원의 불친절한 응대로 인해 회사에 대한 불만이 잊혀지고 직원에 대한 불만이 높아지게 된다. 특히 불만사항은 판매에 대한 막대한 부정적 결과를 초래하게 되는데, 불만을 제대로 해결해 주지 못할 경우 고객은 돌변하여 나쁜 구전으로 신규고객 확보에 장애가 되며, 또한 문제를 개선할 기회를 상실하여 제품과 서비스의 품질이 저하될 뿐 아니라 기업은 매출과 수익이 줄고 종업원은 수입과 사기가 줄어들어 결국은 시장에서 퇴출당하게 된다. 그러므로 일단 불만사항이 발생하였을 경우에는 사소한 불만이라도 소홀히 해서는 안 되며 어떻게든 신속하게 처리하여야 한다.

Tip 불만처리의 4가지 원칙

1. 원인 파악: 불만의 원인을 정확히 파악한다.
2. 신속 해결: 가능한 빠른 시간 내에 해결한다.
3. 우선 사과: 클레임을 건 고객은 우선 화가 나 있음을 명심해야 한다.
4. 불(不)논쟁: 회사의 잘못이 아니더라도 고객의 말꼬리나 트집을 잡지 않는다.

5. 기타

1) 엘리베이터

엘리베이터에서는 남성이 여성을 배려하는 태도로 타인에게 좋은 인상을 남길 수가 있다. 따라서 엘리베이터 승차 시 여성과 윗사람이 먼저 타도록 하고 하차 시에는 아랫사람이 먼저 내려 윗사람이 내리도록 도와준다.

- 엘리베이터의 상석은 엘리베이터 버튼 대각선 방향 뒤쪽이다.
- 버튼이 양쪽에 있는 엘리베이터는 뒤쪽 중앙이 상석이다.
- 엘리베이터 안에 여성이 타고 있을 경우 남성은 모자를 벗는 것이 매너이다.
- 엘리베이터 안에서는 사적인 내용이나 회사의 용건 등을 말하거나 난폭한 말투의 대화를 삼간다.

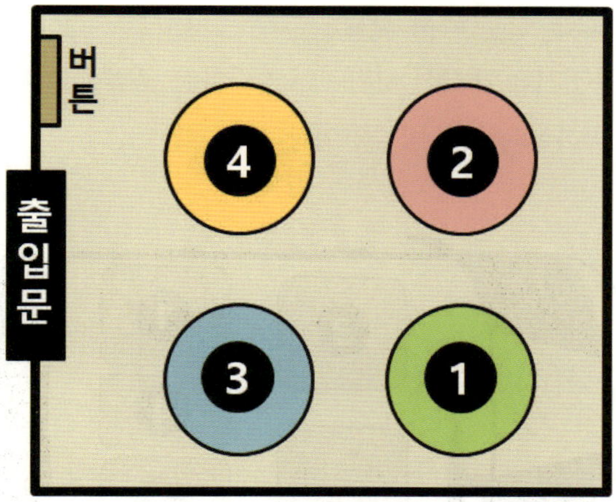

엘리베이터에서의 상석의 위치

2) 자동차

(1) 탑승 시 매너

- 오른손으로 문을 열고 윗사람과 여성이 먼저 타도록 한다.
- 웃어른이 타신 후에는 문을 살짝 닫고, 차가 출발하면 가볍게 인사한다.
- 여성이 스커트를 입고 있을 경우에는 상석과 무관하게 뒷좌석 가운데 앉지 않도록 배려해 준다.
- 자가운전 차량을 이용할 때는 앞좌석을 비워 두고 뒷좌석에 타면 결례이다.

(2) 하차 시 매너

남성과 아랫사람이 차에서 먼저 내려 옆쪽에 서서 문을 오른손으로 열고 윗사람과 여성이 내리도록 한다.

① 운전기사가 있는 경우(택시 포함)

가장 상석은 운전사의 대각선 뒷좌석이고 다음은 운전사 뒷좌석, 다음은 운전사 옆좌석이며, 최하석은 뒷좌석 중앙이다.

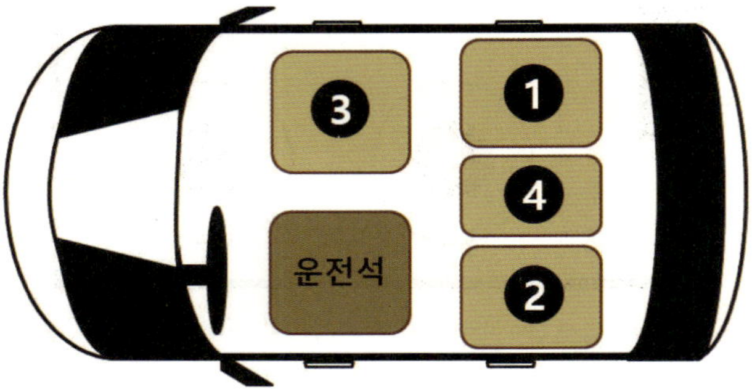

운전사가 있는 경우의 상석 위치

② 자가운전인 경우

가장 상석은 운전석 옆좌석이며 운전자의 부인과 함께 탄 경우에는 운전석 옆자리가 부인석이 된다. 두 번째 상석은 운전사의 대각선 뒷좌석이고 다음은 운전사 뒷좌석이며 최하석은 뒷좌석 중앙이다.

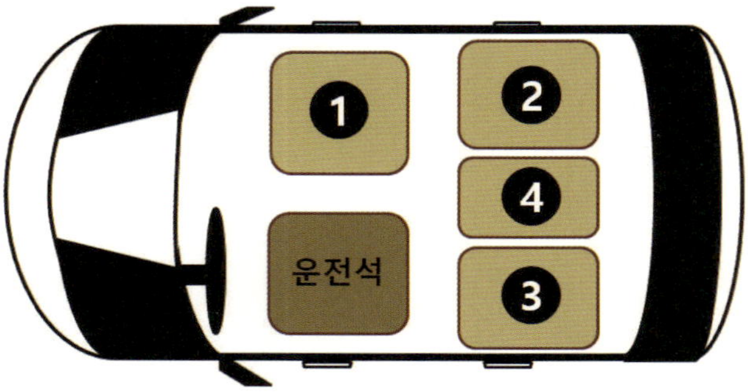

자가운전인 경우의 상석 위치

3) 화장실

공중화장실의 청결수준은 그 나라의 발전 정도를 가늠하는 기준이 되며 깨끗하고 편안한 화장실을 사용하고 나면 기분이 좋아진다. 공중화장실의 청소도 중요하지만 이용하는 사람들의 사용방법도 화장실 청결에 많은 영향을 미치기 때문에 서로가 화장실의 청결 상태가 지속될 수 있도록 노력해야 한다.

- 공용화장실이 붐빌 때는 줄을 서서 순서대로 이용한다.
- 화장실에서는 이미 사용하고 있는 사람들을 위해 정숙을 기한다.
- 화장실 내에서는 금연한다.
- 화장실에 들어가기 전에 반드시 노크한다.
- 화장실 문을 반드시 잠그고 이용한다.
- 화장실에 비치된 화장지 등 모든 물품은 아껴 쓴다.
- 용무를 마친 후에는 다음 사람을 위해 반드시 물을 내린다.
- 변기 안에 위생대나 이물질을 버리지 않는다.
- 화장실을 이용한 후에는 항상 손을 씻어서 청결과 위생을 유지한다.
- 얼굴이나 손을 씻거나 화장을 할 경우에는 차례를 지킨다.
- 세면기를 사용할 때는 주변에 물이 튀지 않게 조심한다.
- 화장실을 나오기 전에 반드시 복장 상태를 점검한다.
- 화장실에서는 음식물을 섭취하지 않는다.
- 화장실의 벽에 걸린 그림이나 장식품은 눈으로만 감상한다.
- 지인을 만나면 눈인사를 한 다음 화장실 밖에서 대화한다.

PERSONAL IMAGE MAKING

05

CHAPTER

스피치 이미지

PERSONAL IMAGE MAKING

제5장의 스피치 이미지는 크게 '대화법' 과 '프레젠테이션' 으로 나누어 NCS 능력단위에서 요구하는 부분을 최대한 반영하여 구성하였다. 대화법에서는 능력단위 명칭인 '스피치 커뮤니케이션 지도(1204050106_14v1)' 중에서 자기의사 표현능력, 타인에 대한 수용방법, 바람직한 경청능력과 정확한 의사전달능력 등의 효과적인 스피치능력을 향상시키기 위하여, 말하기와 듣기의 기본매너 및 대화의 기본요령, 음성과 발음훈련을 다루었다. 그리고 프레젠테이션에서는 능력단위 명칭 '프레젠테이션(0802010106_13v1)' 중에서 스피치의 주제 선정 및 내용구성능력, 청중분석능력과 프레젠테이션의 구성 및 발표 스킬을 습득하여 분명하고 명확하게 의사전달하는 능력을 함양시키고자 하였다.

1. 대화법

대화는 우리가 전달하려는 의사를 상대에게 정확히 이해시킴은 물론 그 과정을 통해 자신의 실제 이미지가 전달되어야 한다. 또한 언어는 그 사람의 인격, 교육 정도, 신분, 신념 등이 드러나기 때문에 평소에 좋은 대화 매너를 익혀 두는 것이 바람직하다. 따라서 대화 시 상대방에게 좋은 인상을 주기 위해서는 올바른 호칭과 발성, 톤에 유의해서 자기의사를 정확히 전달할 수 있는 능력을 기르는 것이 중요하다.

1) 말하기의 기본매너

대화란 서로의 의견을 존중하고 동등한 발언기회를 통하여 생각을 전달하는 언어의 교제이며, 예절의 실제로서 마음을 상대방에게 인식시키는 첫 번째 방법이기도 하다. 대화 시에는 전달하려는 의사를 상대에게 정확히 이해시키고 그 과정을 통해 자신의 실제 이미지가 전달됨으로써 올바른 말하기의 기본매너를 익히는 것이 중요하다.

- 말은 침착하고 간결하게 한다.
- 밝은 표정으로 부드럽게 상대방의 눈을 바라보며 말한다.
- 상대방이 알아듣기 쉽도록 적당한 속도와 정확한 발음으로 말한다.
- 적당한 호칭과 존칭어를 사용하여 말한다.
- 너무 경직되어 보이지 않도록 등을 펴서 곧은 자세를 취한다.
- 강한 동작이나 제츠처는 경박해 보일 수 있으므로 적절하게 조율한다.

Tip 말할 때의 주의사항

- 상대방의 말을 끝까지 듣고 말을 한다.
- 말을 할 때는 때와 장소를 가려서 한다.
- 자신이 하고 싶은 말보다는 상대가 듣고 싶어 하는 말을 한다.
- 자만, 교만, 거만한 내용의 말로 상대를 불편하게 하지 않는다.
- 같은 말을 여러 번 반복하지 않는다.
- 흥분했을 때는 말을 자제하도록 한다.
- 불평불만을 늘어놓지 않도록 한다.
- 남을 비판하지 않도록 한다.
- 칭찬, 감사, 사랑의 말을 자주 사용한다.

2) 듣기의 기본매너

설득력 있는 사람은 말을 유창하게 하는 것이 아니라 상대방의 말을 진지하게 경청하는 사람으로 말하는 것보다 듣기를 잘하는 자세가 필요하다. 듣기와 말하기는 7 : 3의 비율이 좋다. 듣기의 자세는 자신의 인격과 인품으로 표현되는데, 상대의 말에 경청하는 자세는 신뢰감을 줄 수 있고, 무언을 통해 상대에게 호감을 살 수 있게 된다. 경청은 정성을 다해 들어 주는 자세이므로 많은 인내심과 상대를 존중하는 마음이 필요하며, 선입관이나 편견 등을 버리고 상대방의 입장이 되어 경청해 주도록 한다.

- 상대를 정면으로 바라보고 시선을 마주치며 경청한다.
- 질문을 하거나 복창하는 등 맞장구를 치며 관심을 보이며 듣는다.
- 손이나 다리는 꼬지 않고, 정면을 향해 조금 앞으로 내밀듯이 앉는다.
- 끄덕끄덕하거나 메모하는 적극적 경청 태도가 중요하다.
- 질문을 섞어 가면서 모르면 물어보고, 복창해 주면서 맞장구쳐 준다.
- 흥미와 성의를 가지고 말하고자 하는 의도가 느껴질 때까지 인내하고, 상대

Tip 좋은 대화를 위한 거리

- 공적인 거리에서는 1.2~3.7m: 처음 만난 사이에서 공적인 업무관계
- 사회적 거리에서는 80cm~1.2m: 처음 만난 사이지만 업무가 아닌 친목도모를 목적으로 만난 경우
- 개인적 거리에서는 45~80cm: 가족이나 친구 사이 등 잘 알고 있는 동료 사이의 거리로 개인영역에 들어와도 거부감이 들지 않는 사람들과의 거리
- 친밀한 거리에서는 45cm 이하: 애인, 배우자, 자식과의 관계에서 이루어지는 거리로 아주 거리낌 없는 상대에게 허용되는 거리

출처: 강영욱 외, 대학새내기를 위한 매너 이야기, 이프레스, 2013.

의 마음을 편하게 해주는 것이 중요하다.

3) 대화의 기본요령

대화를 잘하는 사람은 상대의 이야기를 잘 들어 주는 사람이다. '1, 2, 3기법'이라고 하여 1분간 말하고, 2분간 듣고, 3번 이상 맞장구를 쳐주는 기법이다. 따라서 긍정적인 대화를 나누기 위해서는 말하기보다는 상대의 말에 경청하도록 하고, 상대와 정면으로 마주하여 공손한 자세로 부드럽게 응시하며, 상대의 말에 호응하고 중요한 부분은 맞장구치며 다음의 사항에 유의하여 대화한다.

- 상대의 비밀이나 대답하기 곤란한 질문은 가급적 피한다.
  예 나이, 몸무게, 수입, 출신학교, 가족의 직업 등
- 상대방이 말하는 도중에 가로채지 않는다.
- 상대가 이해하기 쉽게 외국어나 어려운 전문용어는 가급적 피한다.
- 자신의 자랑만 지나치게 함으로써 상대방이 열등감을 느끼지 않게 한다.
- 자신의 의견만을 말하지 말고 가능한 한 상대방의 말을 듣도록 노력한다.
- 대화 도중 다른 생각을 하거나 딴청을 피우지 않는다.

- 거짓 없이 진실하게 말해야 한다.
- 맞장구 등으로 관심을 표명한다.
- 상대방이 말하는 즉시 반박하지 않는다.
- 상대가 알아듣기 힘든 지나친 사투리나 속어, 비어, 유행어의 사용은 자제한다.
- 대화 중 자리를 뜰 때는 양해를 구하고 다른 사람에게 방해가 되지 않도록 한다.

Tip 칭찬의 방법

- 진심을 다하여 칭찬한다.
- 간결하고 구체적으로 한다.
- 지나치게 하는 것은 금물이다.
- 사소한 일도 칭찬해 준다.
- 타이밍을 맞추어 칭찬한다.

Tip 호칭 에티켓

1. **'형' 의 바른 사용**
   - 위아래로 5세 범위 내에서만 사용한다.
   - 다른 사람 앞에서 3인칭으로 쓸 때엔 성에 이름까지 붙여 말한다.
   - 연상의 하급자를 부를 때 사용할 수 있다.
2. **'씨' 의 바른 사용**
   - 동년배 또는 나이 차이가 위아래로 10년을 넘지 않을 때 쓴다.
   - 10세 이상 많을 때에는 '○○○ 선생님' 이라는 호칭을 쓴다.
3. **'나' 와 '저', '저희'**
   - 연하라도 상사일 경우 공식 석상에선 '저' 라고 한다.
   - 조직체의 장인 경우 공식 행사나 회의 때는 '저' 라는 호칭을 사용한다.

• 다른 회사에 대해서 자신이 속한 회사를 칭할 때는 '저희 회사'라 한다.

4. '선생'의 바른 사용

누구나 존경할 만한 사람이나 처음 만나는 사람, 나이 차가 아주 많은 연장자에게는 '선생님'이라는 호칭을 쓴다. 동년배나 연하, 연상의 하급자에겐 '선생'이 무난하다.

5. 실수하기 쉬운 호칭

• 상사에 대한 존칭은 호칭에만 붙인다.
• 문서에는 상관에 대한 존칭을 생략한다.
• 본인이 참석한 자리에서 그 지시를 전달할 땐 성함 뒤에 '님'을 붙인다.

4) 음성과 발음

(1) 음성

목소리는 겉으로 표출되는 외면적인 요소뿐만 아니라 내면적인 요소까지 함께 표현되는 기능을 가지고 있다. 우리는 상대방의 목소리를 통해 그 사람의 연령대는 물론 품성이나 성격까지 짐작할 수 있으며 매력적인 목소리는 상대방으로 하여금 호감을 주는 요인으로 작용하기도 하는데, 만일 호감을 주는 목소리를 갖고 있다면 그것만으로도 큰 장점을 소유한 것이다. 하지만 그렇지 못하다 하더라도 자신의 노력에 따라서 호감을 주는 자신감 있는 목소리의 소유자가 될 수 있다. 훈련을 통한 호감 있는 음성과 발음은 자신감은 물론이고 상대방에게 신뢰감을 줄 수 있기에 사회생활에서 긍정적인 평가를 얻을 수 있을 것이다.

일반적으로 좋지 못한 음성은 우물거리는 소리, 약한 소리, 쇳소리, 느린 소리, 고성, 단조로운 소리 등이다. 또한 말을 할 때 자신의 음성을 녹음하여 속도와 억양 등을 체크해 가며 연습하면 효과적이다.

부드럽고 감미로운 음성은 상대방의 마음을 부드럽게 하여 대화의 실마리를 찾는 데 유리하며, 감정을 통제하지 못하는 날카로운 음성은 상대를 흥분시킬 수 있다. 따라서 자세를 바로 하는 습관과 자신의 감정을 통제할 수 있는 노력이 필요하다.

목소리 톤	느낌	상황
도	차분하고 다정한 느낌(+) 침체된 분위기(−)	동료 간의 대화나 사적인 전화 통화 시
미	자신감 있고 정중한 느낌(+) 권위적이고 잘난 체하는 느낌(−)	일대일 상담, 상사와 업무상 이야기를 할 때, 보고할 때
솔	밝고 명랑하며 자신감 있는 느낌(+) 흥분되고 상대를 압도하려는 느낌(−)	전화를 받을 때, 전체 앞에서 발표할 때

(2) 발음 연습

정확한 발음을 위해서는 혀가 유연하게 움직이고 입 모양이 바르게 완성되어야 한다. 우리가 흔히 알고 있는 문장들을 이용하여 발음 연습을 해보도록 한다.

- 간장공장 공장장은 강 공장장이고, 된장공장 공장장은 공 공장장이다.
- 한영 양장점 옆 한양 양장점, 한양 양장점 옆 한영 양장점
- 저기 저 말뚝은 말 맬 말뚝인가, 말 못 맬 말뚝인가.
- 저기 있는 저 분은 박 법학박사이고, 여기 있는 이 분은 백 법학박사이다.
- 내가 그린 구름 그림은 잘 그린 구름 그림이고, 네가 그린 구름 그림은 잘 못 그린 구름 그림이다.
- 들의 콩깍지는 깐 콩깍지인가, 안 깐 콩깍지인가. 깐 콩깍지면 어떻고 안 깐 콩깍지면 어떠냐. 깐 콩깍지나 안 깐 콩깍지나 콩깍지는 다 콩깍지인데.
- 서울특별시 특허 허가과 허가과장 허 과장
- 저기 저 뜀틀이 내가 뛸 뜀틀인가, 내가 안 뛸 뜀틀인가.
- 우리 집 옆집 앞집 뒤 창살은 홑겹 창살이고, 우리 집 뒷집 앞집 옆 창살은 겹홑 창살이다.

- 옆집 팥죽은 붉은 팥죽이고, 뒷집 콩죽은 검은 콩죽이다.
- 김 서방네 지붕 위에 콩깍지가 깐 콩깍지냐, 안 깐 콩깍지냐?
- 시골 찹쌀 햇찹쌀, 도시 찹쌀 촌찹쌀

2. 프레젠테이션

1) 프레젠테이션의 개요

(1) 프레젠테이션의 정의

프레젠테이션(presentation)의 어원은 '발표하다, 소개하다, 내놓다' 라는 의미의 '프레젠트(present)' 이며, 프레젠테이션이란 발표자가 일정한 목적을 달성하기 위하여 청중, 고객, 직원, 학생 등 대상자들에게 컴퓨터 등을 이용하여 체계적이며 효과적으로 정보를 전달하는 모든 과정을 말한다.

또한 프레젠테이션은 자신의 의견을 상대에게 전달하는 단순한 커뮤니케이션을 넘어서 아이디어 · 신제품 · 작품 · 지식 등에 대한 제시, 설명, 발표라고 할 수 있다. 효과적인 프레젠테이션을 위해서는 명확한 목표가 설정되어야 하며, 충분한 기획과 시각효과, 그리고 종합적인 정보전달이 필수적이다. 철저한 준비와 자료수집은 프레젠테이션의 정확성과 신뢰성을 높여 주고, 정보의 효과적인 전달은 대상들의 이해력을 높여 주는 데 중요한 역할을 한다.

(2) 프레젠테이션의 분류

프레젠테이션은 목적이나 내용에 따라 교육이나 비즈니스, 학술회의 등으로 나뉜다. 교육이나 학술회의 프레젠테이션은 청중에게 유익한 정보나 가치 있는 지식을 전달하기 위한 것으로 개인, 회사, 단체가 보유하고 있는 정보를 청중에게 제공할 목적으로 이루어진다. 비즈니스 프레젠테이션은 개인 또는 단체에게 사업목적을 위하여 청중을 설득하고 결정하도록 하는 것이다.

2) 프레젠테이션의 과정

프레젠테이션의 주요 구성요소는 ① 발표자, ② 대상자(청중), ③ 발표내용과 목적으로 이루어져 있다.

프레젠테이션 순서	내용
1. 청중에 대한 철저한 분석	• 프레젠테이션의 대상자들은 어떤 사람들인가? • 발표내용에 대한 이해도와 만족도는 어느 정도인가? • 대상자들이 원하는 것은 무엇인가? • 대상자들의 지적 수준은 어느 정도인가? • 참석대상자들은 몇 명인가? • 전에 프레젠테이션을 받아 본 적이 있는가?
2. 정보수집	프레젠테이션 참석대상자의 욕구, 기대수준, 취향 등 바라는 바를 정확히 파악하여야 한다. 그래야 프레젠테이션의 내용구성과 발표방법을 효율적으로 계획할 수 있다.
3. 효율적인 내용구성	청중의 입장을 최대한 반영하고, 청중의 수준에 맞추어 이해하기 쉽게 구성하여 핵심적인 부분만 명료하게 설명해야 한다.
4. 시각자료 활용	• 말로만 정보를 전달하기보다는 다양한 시각적인 자료를 활용하여 정보를 전달해야만 청중의 관심과 집중도를 높일 수 있다. • 심리학자들의 연구에 의하면, 시각적 자료의 긍정적인 효과는 다음과 같다. – 청중의 주의를 집중시키고, 이해도를 높일 수 있다. – 슬라이드, 사진, 도표 등을 직접 보여줌으로써 신뢰도를 높일 수 있다.
5. 사전연습	• 성공적인 프레젠테이션을 위해서는 사전연습이 가장 중요하다. • 전달해야 할 핵심내용을 메모를 중심으로 실제처럼 연습을 해본다. 그래야 적절한 시간안배가 가능하며, 핵심내용을 효과적으로 전달할 수 있는 테크닉이 향상된다.

6. 깔끔하고 세련된 복장	발표자는 깔끔하고 세련되어야 청중의 마음을 움직일 수 있다. 그러나 화려한 액세서리 등을 착용하여 청중의 시선을 혼란스럽게 해서는 안 된다.

3) 프레젠테이션의 태도

청중을 감동시키려면 청중의 마음을 사로잡아야 한다. 따라서 발표자는 청중과 하나가 되기 위해 끊임없이 노력하고 연구해야 한다.

(1) 표정

밝고 자신감 있는 표정은 청중을 기분 좋게 하고, 발표자의 말에 신뢰를 갖게 한다. 발표의 내용과 상황에 맞는 표정을 연출하여, 청중에게 메시지가 효과적으로 전달되고 좋은 이미지를 보여주도록 한다.

(2) 시선

청중들과 자연스럽고 친밀하게 시선을 맞추며 프레젠테이션을 수행해야 청중들의 마음을 사로잡을 수 있다. 스크린만 보고 발표하는 것은 좋지 않으므로 청중을 골고루 천천히 응시하며 이야기한다.

(3) 스피치

발표자는 자신의 목소리의 크기나 말의 속도, 억양 등을 파악하여 전달력 있는 목소리가 나오도록 적절히 조절해야 한다. 목소리의 크기가 지나치게 크거나 작으면 전달하려는 내용에 대한 이해도가 떨어져 청중의 관심과 참여도를 떨어뜨린다. 따라서 평상시보다 조금 더 천천히 말함으로써 내용의 전달이 분명해지도록 해야 한다.

(4) 자세

편안하면서도 침착하다는 인상을 줄 수 있도록 허리와 어깨를 곧게 펴고 머리를 똑바로 든 자세를 취한다. 적절하지 않은 자세를 자주 취하면 내용의 전달력과 청중의 신뢰도가 떨어질 수 있다.

4) 프레젠테이션의 방법

프레젠테이션을 하기 전에 분명하게 목적을 설정하면 진행되는 동안 어느 정도 성공적일 것인지 청중의 반응을 미리 예측할 수 있다. 전체적인 맥락에서 핵심적인 내용을 고려하여 스피치를 하기 전 준비 단계에서 전체내용을 파악하고 서론과 본론, 그리고 결론으로 심도 있고 단계적으로 구성한다.

단계	내용
서론 (introdution)	• 청중의 관심을 끌기 위해 흥미로운 이야기로 시작하거나 사회적 이슈, 명언이나 유머, 호기심을 자극하는 질문 등을 활용한다. • 주제를 명확히 제시하고 중요성을 인식시킨다. • 청중이 주제와 목적을 인식하고 내용을 들을 수 있도록 준비하도록 한다. • 본론에 들어가기 전 최소한의 지식을 제공한다.
본론 (body)	• 본론을 시작하는 가장 좋은 방법은 핵심적인 포인트를 설정하는 것이다. • 연설자는 핵심포인트를 항상 기억하고 스피치 중에 너무 많이 벗어나지 않도록 주의를 기울이도록 한다. 이렇게 하면 프레젠테이션이 논리적이고 부드럽게 전개되며 청중들이 이해하기 쉬워진다. • 너무 많은 포인트를 전개하여 청중을 감동시키려는 것은 금물이다. 많은 포인트를 열거하여 전달을 제대로 못하는 것보다 몇 개의 포인트를 정확하게 전달하도록 한다.
결론 (conclusion)	• 프레젠테이션의 주요 포인트를 요약한다. • 질의응답을 한다.

PERSONAL IMAGE MAKING

06 CHAPTER

면접 실전

P E R S O N A L I M A G E M A K I N G

직원을 채용하는 대부분의 기업에서는 지원자에게 기본적으로 이력서와 자기소개서를 제출하도록 하고 있다. 수많은 지원자 중 서류심사에서 살아남기 위해서는 다른 사람과 차별화된 입사지원서가 필요한데, 이를 위해서는 회사에서 요구하는 인재의 조건에 부합되는 점들을 자신이 직접 경험한 이야기를 중심으로 찾아내 자신의 상품가치를 극대화시키고, 이 기업에 꼭 필요한 사람임을 입증시켜야만 한다.

먼저 지원하고자 하는 기업에 대한 철저한 분석을 통해 기업에서 요구하는 인재상을 정확히 파악한 후 입사지원서를 작성하도록 하는데, 학업생활과 전공에 대한 지식, 동아리활동, 국내외 연수, 인턴 및 현장 실무 경험, 자격증 및 공모전 수상경력, 외국어 성적 등 국가직무능력표준(NCS)에 근거한 자신의 경력을 기업의 채용분야와 연계하여 자신이 현재 어떠한 역량과 발전가능성을 가지고 있는지 제시할 수 있어야 한다.

1. 이력서 및 자기소개서 작성법

1) 이력서 작성법

(1) 이력서의 개념

이력서란 자신의 과거 행적을 요식화하여 기록한 문서로서 지원자가 과거에 어떻게 살아왔는지를 보여주는 서류이다.

인사 담당자는 이력서를 통해 지원자를 처음 대면하게 되고, 지원자는 자신을 마케팅 · 홍보해 주는 자료로 활용하는 등 이력서는 지원자와 인사 담당자를 연결해 주는 매개체 역할을 한다. 그렇기 때문에 지원자는 기업에서 요구하는 조건에 맞게 직무와 경력을 구체적으로 작성하여 인사 담당자의 관심을 끌 수 있도록 해야 한다.

(2) 이력서의 종류

이력서의 종류는 연대기식, 학력중심, 직무중심으로 구분할 수 있으며, 특기, 자격사항 및 상장, 교육이수 등을 추가해서 작성할 수 있다.

① 연대기식 이력서

시간의 흐름인 연대순으로 나열하는 방식으로 작성이 용이하다는 장점이 있으나, 경력에 공백이 있을 경우에는 단점이 될 수 있다.

② 학력중심의 이력서

초 · 중 · 고등학교 및 대학 · 대학원 졸업 등 학력을 중심으로 기술하는 방식으로 신입이나 경력이 적은 사람에게 유리하다.

③ 직무중심의 이력서

직무능력을 중심으로 상세히 기술하는 방식으로 특수한 기능을 지닌 전문직의 경우 효과적이다.

(3) 이력서 작성 시 기본사항

일반적인 이력서에는 지원자의 인적사항과 신체적인 정보를 비롯해 학력, 자격증 및 교육과정 수료 유무, 관련분야의 경력사항, 해외연수 및 어학능력, 상벌내역, 사용가능한 프로그램에 대한 내용을 중심으로 기술하는데, 이력서에 작성할 구체적인 내용을 살펴보면 다음과 같다.

① 인적사항

성명, 현주소, 가족관계, 주민등록, 이메일(e-mail), 연락처, 증명사진

② 신체사항

신장, 체중, 혈액형, 시력

③ 학력사항

학교명, 졸업연월, 전공, 학점

④ 자격 및 교육사항

자격 및 교육명, 등급, 취득일자, 취득기관

⑤ 경력사항

근무처, 근무기간, 직위, 담당직무

⑥ 해외연수 및 외국어능력

국가, 기간, 목적 및 외국어시험의 종류, 시행처, 점수

⑦ 상벌사항

수상명, 수상기관, 내용

⑧ 사용 프로그램

MS words, Excel, PPT 사용 정도(상/중/하)

(4) 이력서 작성 시 주의사항

- 지원하는 분야와 관련된 실무경력중심으로 작성되도록 한다.
- 분량이 적당한지, 글자를 너무 빽빽하게 쓰지 않았는지 확인한다.
- 공란은 최대한 남기지 말고 채우도록 한다.
- 글씨 크기가 너무 작지 않은지, 오타나 맞춤법이 틀린 곳이 없는지 확인한다.
- 편집이 깔끔하고, 내용이 논리적으로 정리되었는지 확인한다.
- 첨부서류가 빠짐없이 잘 준비되었는지 확인한다.
- 발송 전 이름과 연락처가 제대로 기입되었는지 반드시 재확인한다.
- 증명사진의 경우, 반드시 3개월 이내에 촬영한 것으로 하되 정해진 규격에 맞춰 준비하고, 오래전의 사진을 올려 알아보지 못하는 경우가 없도록 한다. 또한 단정한 차림인지, 자신감 있고 호감을 주는 이미지인지 확인하고, 포토샵을 지나치게 많이 사용해 실물과 다르지 않게 한다.

(5) 이력서 샘플

이 력 서

– 지원분야:

성명	한글		나이(만)		성별	
	영문		주민등록번호			
우편번호						
주소						
e-mail						
신장	cm	몸무게	kg	성적	/ 4.5	
전화번호		휴대폰				

1. 학력 및 경력사항

	학력 및 경력사항			비고
년 월 ~ 년 월	중학교 (졸업)			
	고등학교 (졸업)			
	검정고시 (졸업)			
	대학교 학과 (졸업 예정)			
경력기간	근무처	부서	담당업무	퇴직 사유
년 월 ~ 년 월				

2. 자격(면허)증

취득일시	자격증/외국어	주관/발행처

3. 외국어 및 컴퓨터능력

외국어	영어(상 / 중 / 하), 기타( )	
컴퓨터	파워포인트( ), 엑셀( ), 포토샵( )	

4. 가족사항

관계	성명	연령	직업	학력	동거 여부

– 위의 모든 기재사항은 사실과 다름이 없음을 확인합니다.

년 월 일 (인)

2) 자기소개서 작성법

(1) 자기소개서의 개념

자기소개서란 개인이 회사 면접이나 단체에 가입할 때 자신의 이름과 직업, 경력을 비롯해 자신의 성격, 장 · 단점 등을 상대방에게 알리기 위한 서식을 말한다.

기업마다 정해진 양식이 다르지만, 일반적으로 성장배경, 성격의 장 · 단점, 학교생활, 지원동기 등이 공통항목이라 할 수 있으며, 여기에 자신의 인생관이나 철학, 현장 경험, 입사 후 포부 등의 내용을 논리적이고, 설득력 있게 작성하면 된다.

(2) 자기소개서의 일반적인 구성

① 성장과정(생활신조)

자신의 성장과정과 환경이 자신의 삶에 미친 영향에 대해 기술하는데, 이는 지원자의 가정환경과 가족구성원에 따른 지원자의 인성, 직업관, 가치관, 대인관계 등을 알고자 함이다.

② 성격 소개(장 · 단점)

자신이 생각하는 성격의 장점과 단점에 대해 솔직하게 기술하되, 장점이나 단점을 지나치게 부각시키기보다 단점을 개선시키기 위해 어떠한 노력을 하고 있는지에 대해 초점을 맞추는 것이 중요하다.

③ 학창시절 및 경험

학교생활 중 나눔, 배려, 협력, 리더십을 발휘한 사례에 대해 작성하고, 이를 통해 느낀 점을 기술하는데, 이는 희생과 봉사정신, 통솔력을 갖춘 인재를 선발함으로써 기업의 발전과 이미지 형성에 기여할 수 있도록 함이다.

④ 지원동기 및 포부

어떤 동기로 본 회사에 지원했으며, 지원을 위해 어떤 노력과 준비를 해왔는지 기술하는데, 이는 앞으로 지원자가 어떤 자세와 각오로 회사생활에 임할 것인지 지원자의 장래성과 비전(vision)을 파악하고자 함이다.

(3) 자기소개서 작성법

① 원칙을 지킨다

- 면접에 임하듯 문어체로 작성한다.
- 표현은 간단명료하되 논리적으로 기술한다.
- 맞춤법에 철저하되 문장은 자연스럽게 작성한다.

② 나만의 개성을 담자

- 지원분야와 관련된 수상경력이나 자격증을 강조하고, 자신의 경험을 중심으로 솔직 · 담백하게 구성해 자신이 적임자임을 강조한다.
- 지원동기와 입사 후 포부에 초점을 맞춰 목표와 비전을 제시한다.
- 나만의 스타일, 눈에 띄는 형식으로 작성하되 지나치지 않도록 조정한다.

Tip 자기소개서 작성 포인트

1. 첫머리: 현재 지원한 직무와 관련된 중요한 경험을 중심으로 서술한다.
2. 지원동기: 지원동기를 명확하게 서술한다.
3. 경험 서술: 실제 경험을 바탕으로 구체적인 사례를 들어 작성한다.
4. 자신의 능력: 해당 분야의 관련 자격증을 강조해 관심을 유도한다.
5. 업무 관련성: 자신이 해당 업무에 적임자임을 강조한다.
6. 자기 PR: 다른 지원자보다 돋보일 수 있도록 자신의 장점과 강점을 부각시킨다.
7. 자신의 포부와 비전: 입사 후 자신의 꿈을 이루기 위해 어떠한 자세로 임할 것인지 목표와 방향성을 구체적으로 서술한다.

(4) 호감을 주는 문구

- 긍정적이고 밝은 문구
- 팀워크와 관련된 문구
- 책임감과 협동심을 반영한 문구
- 성실하고 근면한 자세를 보여주는 문구
- 열정적인 마인드를 반영한 문구
- ~분야의 전문가가 되고 싶다는 문구
- 친구가 많은 것을 표현한 문구
- '~경험을 통해 ~점을 키우고' 등 배움을 중시하는 문구
- 독립적인 태도를 보여주는 문구
- 최선을 다하는 모습을 알 수 있는 문구

(5) 잘못된 사례

- 지원업무와 무관한 경력을 기술한 경우
- 문장이 너무 복잡해 이해하는 데 많은 시간이 필요한 경우
- 진부하고, 추상적인 표현이 많은 경우
- 강조항목이 지나치게 많은 경우
- 내용이 빈약하거나 똑같은 단어나 문장이 중복될 경우

Tip 식상함을 주는 표현들

- 몇 남 몇 녀의 몇 째로 태어나~
- 엄격하지만 자상하신 부모님의 가르침 아래~
- 최고의, 우등생, 반장, 1등~
- 뽑아만 주신다면~
- 무슨 일이든 열심히~
- 약속드립니다~

- 레이아웃이 통일감이 없는 경우
- 의욕을 느낄 수 없는 표정의 사진이 들어간 경우

2. 면접을 위한 이미지메이킹

면접은 자신이 원하는 기업에 입사하기 위한 첫 번째 관문이며, 기업의 입장에서는 적절한 인재를 채용하기 위해 가장 중시하는 심사과정이라 할 수 있다. 면접 시 가장 큰 감점요인으로는 자신감 없는 작은 목소리나 언어 표현 시의 미숙함, 진지하지 않은 자세인 것으로 알려져 있는데, 본 장에서는 이를 보완하고 각 기업에서 요구하는 이미지를 연출함으로써 면접에 성공적으로 임할 수 있는 노하우를 제시하고자 한다.

Tip 면접 성공 노하우

1. 취업을 원하는 기업(업체)에 대한 철저한 사전조사를 통해 질문과 답안을 미리 준비한다.
2. 면접 전 제출한 서류내용을 다시 한 번 확인해 질문에 미리 대비한다.
3. 신분증을 소지하고, 30분 전에 도착해 면접을 준비한다.
4. 지각하는 경우가 생기면 미리 연락을 해 상황을 설명한다.

1) 좋은 이미지와 인사

면접 시에는 밝고 웃는 얼굴로 면접관의 눈을 자연스럽게 응시하며, 자신감 넘치는 목소리로 씩씩하게 인사한다. 눈을 계속 쳐다보기 어려울 때는 양 눈썹 중앙이나 눈 주변으로 시선이 갈 수 있도록 적당히 조절하도록 하고, 자연스럽게 미소를 띤 표정으로 면접에 임한다.

2) 패션

옷차림은 지나치게 화려하고 눈에 띄는 의상보다는 진곤색이나 회색계열 등 깔끔하고 단정한 인상을 줄 수 있는 색상과 디자인을 선택하며, 각 업체의 분위기를 최대한 고려해 스타일링 계획을 세운다. 주로 대기업의 경우 단정하고 차분한 이미지로 신뢰감을 주는 것이 효과적이지만, 패션 · 뷰티산업 분야의 경우는 개성 있고, 창의적인 스타일을 선호하는 편이다. 최근에는 간편한 복장을 권장하는 기업이나 사회 초년생으로서 기본에 충실한 신선한 이미지를 선호하는 기업도 생겨나고 있다.

3) 헤어 및 메이크업

헤어 스타일의 경우 지나친 탈색이나 컬러링보다 자신에게 어울리는 헤어 컬러와 스타일이 도움이 되며, 긴 머리일 경우는 핀이나 끈으로 적당히 고정시켜 앞머리가 이마나 눈을 가리지 않도록 해 단정한 이미지를 연출하는 것이 좋다.

메이크업은 얼굴의 장 · 단점을 정확히 파악한 후 자신에게 어울리는 패턴으로 하되, 지나치게 커버해 두껍고 답답해 보이는 메이크업보다는 트렌드를 최대한 반영한 자연스럽고 세련된 메이크업으로 스타일링에 대한 이해와 감각이 돋보이도록 한다. 남성의 경우 또한 거칠고 지저분한 피부보다는 깨끗한 이미지를 선호하는 편이므로 메이크업베이스나 비비크림으로 피부톤을 적당히 보완할 수 있도록 한다.

4) 매너 및 자세

면접관의 지시에 따라 움직이도록 하며, 앉으라고 말할 때까지는 앉지 않는 것이 좋다. 주변을 두리번거리거나 옷매무새를 만지작거리는 등 불필요한 행동은 최대한 삼가고, 미소를 머금은 얼굴로 면접관의 눈을 응시하면서 면접에 적극 참여하는 자세를 취한다. 지나친 당당함이나 긴장은 오히려 감점요인이 되므로 차분한 인상과 진지한 태도를 유지하며, 취업을 하고자 하는 강한 의지를 보이도록 한다.

면접이 끝난 뒤에는 면접관에게 '수고하셨습니다'라고 가볍게 목례하고 의자에서 일어서는데, 의자 밖으로 나온 후 다시 한 번 정중하게 인사하고 퇴실하도록 한다.

5) 어투

자신을 소개할 때는 밝고 자신 있는 목소리로 간결하고 명료하게 답하며, 작은 목소리는 자신감이 결여된 듯한 인상을 주므로 가능한 큰 목소리로 응대하도록 한다. 질문을 받았을 경우 잠시 생각을 정리해 요점만 차분히 대답하고, 모르는 질문일 경우는 당황하지 말고 아는 범위까지만 정확히 답하며, 굳이 아는 척하거나 얼버무리지 않도록 한다. 혹 질문을 이해하지 못했을 경우 면접관에게 예의를 갖춰 다시 물어본 후 성실히 답함으로써 좋은 인상을 남기도록 한다.

■ 참고문헌 Reference

강영욱 외, 대학새내기를 위한 매너 이야기, 이프레스, 2013.

권혜숙 외, 패션과 이미지메이킹, 수학사, 2013.

김경영 외, 에센스 화장품학, 메디시언, 2015.

김동연 외, 면접에서 이력서 · 자기소개서에 배팅하라, 아이디어북스, 2011.

김미경, "여대생의 퍼스널 이미지가 자기효능감에 미치는 영향," 패션비즈니스, 제18권 제1호, 한국패션비즈니스학회, 2014.

김영란 외, 프로페셔널 이미지메이킹, 경춘사, 2012.

김영찬, 글로벌 매너 및 에티켓, 백산출판사, 2013.

김영호, 국제예절과 고품격 매너, 남두도서, 2009.

김이태 외, CRM 고객관계관리, 대경, 2005.

김주덕, 최신 화장품학, 광문각, 2011.

김희숙, 미용문화와 퍼스널 컬러, 이담북스, 2012.

남혜원 외, 기본 매너와 이미지메이킹, 새로미, 2012.

마셜 맥루언 지음, 김성기 · 이한우 옮김, 미디어의 이해, 민음사, 2002.

미래 서비스 아카데미, 서비스 매너, 새로미, 2014.

박길순 외, 패션 이미지 스타일링, 궁미디어, 2012.

박소정 · 이운현, 뷰티 코디네이션, 훈민사, 2008.

손일락 · 김영식, 비즈니스 매너의 이해, 한올 출판사, 2009.

양진희 외, 메이크업 디자인, 광문각, 2013.

연합뉴스, 국립 국어원 "'네티켓' 대신 '누리꾼 예절' 어때요", 2015년 7월 6일

오경화 외, 패션 이미지업, 교문사, 2011.

유숙희 외, 네일 케어 실무, 현문사, 2012.

이강미 외, 메이크업 베이직, 구민사, 2014.

이경희 외, 패션과 이미지메이킹, 교문사, 2012.

이미지메이킹 & 코디네이션 편찬위원회, 이미지메이킹 & 코디네이션, 경북대학교 출판부, 2009.

이성옥 외, 이미지메이킹, 수문사, 2002.

이영희 · 황혜진, 이미지 창조경영, 연경문화사, 2013.
장순자, 서비스 매너, 백산출판사, 2014.
전두표, CS는 행동이다!, 두남, 2006.
전선정 외, Life Up 이미지메이킹, 청구문화사, 2013.
정미영 외, 이미지메이킹과 서비스 매너, 도서출판 청람, 2006.
중앙일보, '1980년 이후 미국 대통령 키 180cm 이상 … 힐러리 7cm 늘렸다', 2015년 11월 10일(http://news.joins.com/article/19036228)
조연진, All That Styling, 아이엠북, 2010.
최기종, 매너와 이미지메이킹, 백산출판사, 2006.
최일수, NCS기반의 커리어 개발과 취업전략, 도서출판 청람, 2015.
황정선, 일 잘하는 그녀의 컬러 스타일북, 황금부엉이, 2011.

나무위키, https://namu.wiki
네이버 지식백과, http://terms.naver.com
다음 백과사전, http://100.daum.net/encyclopedia/view/42XXXXX00242
엔터 식스, http://blog.enter6.co.kr/1582
위키백과, https://ko.wikipedia.org
http://isidora.deviantart.com
https://www.pinterest.com

■ 찾아보기 Index

국문

| 저자약력 |

변영희

숙명여자대학교 의류학과 석사, 박사
영국 Central Saint Martin 수학
영국 London College of Fashion 수학
대구한의대학교 패션뷰티 전공 초빙교수 역임
와이앤제이 이미지컨설팅 대표
숙명여대, 가천대, 배화여대 출강
현) 정화예술대학교 미용예술학부 조교수

김은경

숙명여자대학교 의류학과 석사, 박사 수료
숙명여대, 방송통신대, 배화여대 출강

김지연

숙명여자대학교 의류학과 석사, 박사 수료
배화여대, 배재대 출강

NCS(국가직무능력표준)을 기반으로 한

퍼스널 이미지메이킹

2016년 2월 10일 1판 1쇄 인쇄
2016년 2월 15일 1판 1쇄 발행

저　　자 | 변영희 · 김은경 · 김지연
발 행 인 | 이수영
발 행 처 | 도서출판 청람
서울시 마포구 독막로 288(대흥동, 세양상가 109호)
전　　화 | 02)3272-2601~2
팩　　스 | 02)3272-2603
이 메 일 | crbooks@hanmail.net
홈페이지 | www.crbooks.co.kr
등　　록 | 2000년 8월 26일 제6-0509호

ISBN 978-89-5972-493-2 93320　　[정가 23,000원]